W0186385

Eine Bildreise

Udo Bermbach / Ellert & Richter Verlag

Auf Richard Wagners Spuren

Udo Bermbach, geb. 1938 in Berlin, studierte Politische Wissenschaft, Germanistik, Geschichte und Völkerrecht an den Universitäten Marburg/L. und Heidelberg. Seit 1971 Professor für Politische Wissenschaft an der Universität Hamburg mit dem Schwerpunkt Politische Theorie und Theoriengeschichte. Veröffentlichungen zu Problemen des Parlamentarismus, der Parteientheorie, Rätebewegung und Rätetheorie sowie zur politischen Ideengeschichte der Neuzeit und zum Verhältnis von gesellschaftstheoretischem, politischem und ästhetischem Denken der Moderne. Herausgeber und Autor mehrerer Arbeiten zur Geschichte der Oper, zu Richard Wagners „Ring des Nibelungen" und dessen politisch-ästhetischer Utopie; Autor der Bayreuther Programmhefte.

Schriften Richard Wagners:
Richard Wagner, Gesammelte Schriften und Dichtungen, 10 Bde., Leipzig 1907
Richard Wagner, Dichtungen und Schriften, Jubiläumsausgabe 10 Bde., hg. von Dieter Borchmeyer, Frankfurt/M. 1983
Richard Wagner, Mein Leben. Erste authentische Veröffentlichung, hg. von Martin Gregor-Dellin, München 1963

Schriften über Richard Wagner:
Herbert Barth/Dietrich Mack/Egon Voss (Hg.), Wagner. Sein Leben, sein Werk und seine Welt in zeitgenössischen Bildern und Texten, Wien 1975
Hans Joachim Bauer, Richard-Wagner-Lexikon, Bergisch Gladbach 1988
Udo Bermbach (Hg.), In den Trümmern der eignen Welt. Richard Wagners „Der Ring des Nibelungen", Berlin/Hamburg 1989
Udo Bermbach, Der Wahn des Gesamtkunstwerks. Richard Wagners politisch-ästhetische Utopie, Frankfurt/M. 1994
Dieter Borchmeyer, Das Theater Richard Wagners, Stuttgart 1982
Carl Dahlhaus, Richard Wagners Musikdramen, Zürich/Schwäbisch Hall 1985
John Deathridge/Martin Geck/Egon Voss, Wagnerwerk-Verzeichnis (WWV). Verzeichnis der musikalischen Werke Richard Wagners und ihrer Quellen, Mainz/London/ New York/Tokyo 1986
Martin Gregor-Dellin, Richard Wagner. Sein Leben, sein Werk, sein Jahrhundert, München/Zürich 1980
Martin Gregor-Dellin, Richard Wagner. Eine Biographie in Bildern, München/Zürich 1982
Martin Gregor-Dellin/Michael Soden (Hg.), Richard Wagner. Leben, Werk, Wirkung (Hermes Handlexikon), Düsseldorf 1983
Ulrich Müller/Peter Wapnewski (Hg.), Richard-Wagner-Handbuch, Stuttgart 1986
Michael von Soden, Richard Wagner. Ein Reiseführer, Dortmund 1991

Titelabbildung:
das Bayreuther Festspielhaus

Bildnachweis:
A. & R. Adam, Dresden: S. 36
Toma Babovic, Bremen: S. 26/27, 52/53
Bayreuther Festspiele GmbH, Bayreuth/Foto: Jörg Schulze: S. 78/79
Josef Bieker, Dortmund: S. 64/65, 66/67
Bildarchiv Preußischer Kulturbesitz, Berlin: S. 7, 22, 35, 59 r.
Bild und Heimat Verlagsgesellschaft, Reichenbach: S. 25 r.
Historische Kuranlagen und Goethetheater Bad Lauchstädt GmbH: S. 15 l.
Georg Jung, Hamburg: S. 16/17, 20/21
Jürgen Karpinski, Dresden: S. 18/19
Guido Mangold, Ottobrunn: S. 28/29, 56/57, 70/71, 72/73, 74/75, 76/77, 80/81, 82/83
Axel M. Mosler, Dortmund: S. 30/31, 38/39, 40/41, 44/45
Udo Pellmann, Dresden: S. 42/43
Reuter-Wagner-Museum, Eisenach/Foto: Joachim Thurau, Eisenach: S. 10/11
Rheinisches Landesmuseum, Bonn: S. 49 r.
Andreas Riedmiller, Oy-Mittelberg (Oberzollhaus): S. 62/63
Roger-Viollet, Paris: S. 25 l.
Sächsische Landesbibliothek Abt. Deutsche Fotothek, Dresden: S. 32, 33, 37
Max Schmid, Winterthur/Schweiz: S. 54/55
Otto Stadler, Geisenhausen: S. 86
Süddeutscher Verlag Bilderdienst, München: S. 24
Heinz Teufel, Eckernförde: Titel, S. 8/9, 59 l., 68/69, 90/91, 92/93
Amedeo Vergani, Merone/Italien: S. 88/89
Richard-Wagner-Museum, Bayreuth: S. 6, 12 l. u. r., 13 l. u. r., 15 r., 23 l. u. r., 34, 47, 49 l., 50, 58 l. u. r., 60, 61, 84, 85, 87 l. u. r.

Die Deutsche Bibliothek – CIP-Einheitsaufnahme

Bermbach, Udo:
Auf Richard Wagners Spuren / Udo Bermbach. – Hamburg: Ellert und Richter, 1995
(Eine Bildreise)
ISBN 3-89234-590-2
NE: HST

© Ellert & Richter Verlag, Hamburg 1995
Dieses Werk einschließlich aller seiner Teile ist urheberrechtlich geschützt. Jede Verwertung außerhalb der engen Grenzen des Urheberrechtsgesetzes ist ohne Zustimmung des Verlages unzulässig und strafbar. Dies gilt insbesondere für Vervielfältigungen, Übersetzungen, Mikroverfilmungen und die Einspeicherung und Verarbeitung in elektronischen Systemen.

Text und Bildlegenden: Udo Bermbach, Hamburg
Gestaltung: nach Entwürfen von Hartmut Brückner, Bremen
Lektorat: Iris Klein, Hamburg
Lithographie: Offset-Repro im Centrum, Hamburg
Satz: KCS GmbH, Buchholz/Hamburg
Druck: Girzig + Gottschalk, Bremen
Bindung: S. R. Büge, Celle

Inhalt

Immer noch ist Richard Wagner heftig umstritten. Scheinbar maßlos in seinem Kunstanspruch, vermeintlich unmäßig in seinem privaten Lebenszuschnitt, vielen politisch verdächtig ob seiner vermuteten Widersprüchlichkeit, in der theoretische und praktische Revolutionsbegeisterung offenbar bruchlos zusammenkamen mit der Freundschaft zum Bayernkönig Ludwig II. (1845–1886), dem Hofieren der deutschen Monarchen und des deutschen Adels in Bayreuth, nicht zuletzt mit einem aggressiven Antisemitismus – dies alles scheint Werk und Person mehr denn je einer genauen Bestimmung zu entziehen. Ideologisch eingefärbte Vorurteile trüben den Blick, die oftmals mangelnde Kenntnis von Werk und Person wird ersetzt durch die Behauptung fataler historischer Zusammenhänge. Und zudem verstellt eine prekär verlaufene Rezeption der Werke den Blick auf deren authentischen Kern eher, als daß sie diesen wirklich erhellt. Wagner scheint ein dauernder Stein des Anstoßes zu sein, Auslöser für erregte Debatten, geeignet, Fronten zu schaffen und Unversöhnlichkeiten zu zementieren. Nicht zuletzt wohl auch deshalb, weil er vieles zugleich war: ein Sprachgewaltiger, der sich seine eigene Sprache, seinen eigenen Stil schuf, der dichtete aus dem Geist der Musik; ein Musiker, der der Sprache nachspürte, um aus der Sprachmelodie heraus zu komponieren; ein Theatraliker, der mit seiner Musik die überkommene Tradition der Oper nicht nur vollendete, sie vielmehr überwand und so der Musik und dem Musiktheater neue Perspektiven eröffnete; ein unermüdlicher Leser, der alles, was er fand, begierig aufsog und in sich aufnahm, es seinen eigenen Bedürfnissen anverwandelte: Literatur und Kunst, Philosophie und Religion, Geschichte, Gesellschafts- und Staatstheorie. Darüber hinaus war er einer, der durch endlose Selbstkommentare sein Leben wie sein Werk ständig ins rechte Licht zu setzen trachtete, um so dafür zu sorgen, daß das, was er schuf, seinen Intentionen gemäß realisiert und rezipiert werden sollte.

Für Friedrich Nietzsche (1844–1900) „resümiert er die Modernität", für Thomas Mann (1875–1955) war er der „vollkommene Ausdruck des 19. Jahrhunderts". Kaum jemand, der nach ihm kam und intellektuellen Zuschnitt beanspruchte, konnte sich Wagners Faszination entziehen, der seines Lebens ebensowenig wie der seines Werkes. Wer ihm gegenüber gleichgültig blieb, sprach sich selbst sein eigenes Urteil. Und erst recht hat die Nachwirkung seines Werkes die Geister geteilt: Bayreuth nach Wagners Tod, die Festspiele mit ihrem politisch-ästhetischen Anspruch sind in der deutschen Geschichte stets mehr als nur ein Kulturereignis gewesen; sie waren – und sind bis heute – der Seismograph der jeweiligen gesellschaftlichen Entwicklungs- und Gefahrenlage, sind Reaktion auf das, was sich in Staat, Gesellschaft und Kultur herauszumendeln beginnt, sie blieben und bleiben eingebunden in die politische Geschichte dieses Landes – auf eine positive wie negative Weise.

Wagner hat dies gewollt. In eigenen Festspielen, fernab der modernen Großstädte, hoffte er, durch die Distanz zum Alltäglichen und in der Konzentration auf sein Werk denen, die den Weg nach Bayreuth auf sich zu nehmen bereit waren, das Erlebnis der Einheit von Kunst und Gesellschaft vermitteln zu können. Sozialerfahrung und ästhetisches Erlebnis sollten zusammenkommen, seine Kunst sollte zum Medium einer revolutionären Bewußtseinsveränderung werden, das Musikdrama ins Leben intervenieren, Veränderungen bewirken, sensibilisieren für die Dekadenz der Moderne und den Verfall der Werte, aber auch zeigen, wohin Erneuerung führen kann. Dafür wurden die Festspiele ersonnen, dazu wurde das Festspielhaus gebaut.

Bis es so weit war, kam viel auf ihn zu. Die Umstände, die er jeweils vorfand, waren nicht leicht für ihn zu bewältigen, aber ebensowenig hat er es sich und den anderen leicht gemacht. Wagner war ein widerspruchsvoller Charakter, einer, der schon als Kind auf die Suche nach einem großen Ziel ging, den von Anfang an das Theater faszinierte, weniger das seiner Zeit als das, welches er sich selbst imaginierte. Griechische Mythologie, Sage und Geschichte zogen ihn magisch an, Stoffe also, in denen es immer um Grundoptionen des Lebens ging, um fundamentale Entscheidungen, nicht um Halbheiten, schon gar nicht um pragmatische Kompromisse. Von früh an war ihm ein Zug zu eigen, aufs Ganze gehen zu wollen, und diese Neigung hat sein Leben entscheidend geprägt und bestimmt. Auch seine musikdramatischen Pläne, die nach ersten, noch an Vorbildern orientierten Werken wie den Feen und dem Liebesverbot schon im Rienzi den neuen Ton erkennen lassen und danach immer entschiedener aus der Opern-Tradition heraustreten, um das Neue und Neuartige stetig von Werk zu Werk vorzubereiten und voranzubringen, am Ende mit triumphaler Geste auch durchzusetzen und zu etablieren.

Daß Wagner sein umfangreiches Werk schaffen konnte, daß er allen Widrigkeiten zum Trotz am Ende in Bayreuth ein eigenes Festspielhaus zur Verfügung hatte, grenzt wahrlich an ein Wunder. Es zeigt aber auch, mit welcher unglaublichen Energie und

Daguerreotypie von Wagner nach einer Zeichnung von Ernst Benedikt Kietz, 1850

Daguerreotype of Wagner after a drawing by Ernst Benedikt Kietz, 1850

Daguerréotype de Wagner réalisé en 1850 d'après un dessin de Ernst Benedikt Kietz

Konsequenz er seine Pläne zu verfolgen wußte. Und dies, obwohl er sich in seinem Leben kaum einmal ungestört über längere Zeit seiner Arbeit widmen konnte. Denn selten war einer häufiger auf der Flucht als er. Wenn er nicht floh, so zog er um und begab sich in immer neue Stellungen und Städte, vor allem: in immer neue Abhängigkeiten. Kein Mann für die Idylle am Herd, für Heim und Familie, auch wenn er sich stets danach sehnte, und der ständige Kummer seiner Frau Minna über ihr unstetes Leben erscheint nur allzu verständlich. Wie ein Getriebener, der die Bedingungen seines Getriebenwerdens allerdings oft genug selbst verursacht, reist er umher, und selbst dann, wenn er eine Wohnung auf Dauer gefunden zu haben scheint, hält er es dort nicht lange aus: Er fährt zu Verhandlungen über mögliche Aufführungen seiner Opern, gibt Konzerte und dirigiert, muß zur Kur, weil seine Gesundheit, stets fragil und bedroht, dies zwingend erfordert, zieht um mit Möbeln, Vögeln und Hunden, flieht vor seinen Gläubigern – und schreibt bei alledem Musik wie kommentierende Texte, von der ausschweifenden brieflichen Korrespondenz ganz zu schweigen. Produktivität gegen alle Voraussetzungen, Besessenheit, die von sich selbst, vor allem aber von der eigenen Werkidee so überzeugt ist, daß sie sich in dauernder Entäußerung entlädt, auch wenn die Aufzeichnungen, Briefe und Tagebücher sehr oft einen tief deprimierten, einen seiner selbst unsicheren Wagner zeigen. Häufig genug glaubt er, am Ende zu sein, gibt alle Hoffnungen auf, will fliehen, erwägt in den letzten Jahren seines Lebens sogar den Gedanken, nach Amerika auszuwandern, um dort ein neues Wahnfried zu gründen. Unzweifelhaft ist Wagner ein Mensch von unausgeglichenem Charakter, ähnlich seinen Bühnenfiguren beherrscht von Stimmungsschwankungen, vom jähen Wechsel der Emotionen, der zu Zeiten von der Realisierung seines vorbildlosen Werkes völlig überzeugt ist, schon bald danach jedoch an allem zweifelt, auf nichts mehr hofft, weil er meint, von Mißgunst, Neid und Intrige umgeben zu sein und der Kraft zu ermangeln, gegen die Welt antreten zu können.

Doch zugleich war er eine dominante und dominierende Figur, einer, der sich alle, die um ihn waren, unterzuordnen wußte. Mit einigem Zögern, ja Widerstand tat dies Minna, seine erste Frau, die ihn drängte, er möge beiden eine bürgerliche Existenz aufbauen, die Erfolg wollte und ein gesichertes Dasein. Aber eine so verstandene Sicherheit widersprach seiner Natur, und Minnas stetes Beharren auf ihrem Wunsch ließ die Beziehung zu ihr schon bald erkalten – was ihn andererseits nicht hinderte, sie trotz all seiner Schwierigkeiten doch immer zu versorgen, so gut er konnte. Anders dagegen Cosima, die vierundzwanzig Jahre Jüngere, die sich ihm von Anfang an auslieferte, die ganz durch ihn und für ihn lebte, ihn zugleich aber auch entlastete, weil sie ihm alle Alltagsverpflichtungen abnahm, die Konflikte schlichtete und dort vermittelte, wo sein aufbrausendes Wesen Gräben aufriß. Sie wußte sich so sehr in ihn hineinzuversetzen, daß sie nach seinem Tod in Bayreuth sein Werk weiterführen konnte, es finanziell absicherte und zum gesellschaftlichen Ereignis werden ließ, schließlich auch aktiv, durch Regie, in dessen künstlerische Gestaltung eingriff.

Niemand aus Wagners Umkreis konnte sich seinem Willen und seinem Werk entziehen, kaum einer blieb geistig eigenständig, und wer es dennoch versuchte, begab sich in die Gefahr, daran zu zerbrechen. Wie Nietzsche etwa, der allen späteren Distanzierungen zum Trotz doch niemals wirklich von Wagner loskam. Die Reihe derer, die zwischen Neigung und persönlicher Verletzung, zwischen Werk-Bewunderung und zumindest partieller Selbstverleugnung nur schwer ihren eigenen Weg finden und ihre Identität bewahren konnten, ist lang: sie reicht von Hans von Bülow (1830–1894), einem der ersten und treuesten Anhänger, der unter der Trennung von Cosima unsäglich litt, bis hin zu Hermann Levi (1839–1900), dem Parsifal-Dirigenten, der Wagners Demütigungen seines jüdischen Glaubens wegen nur schwer ertrug und ihm dennoch die Treue hielt.

Wagner und sein Werk: Unendlich viel ist darüber geschrieben worden, und es ist nicht abzusehen, wann die noch immer in Gang befindlichen Diskussionen einmal enden. Das hat seinen guten Grund, denn der Anspruch des Werkes ist bis heute eine noch uneingelöste Herausforderung für all jene, denen Musiktheater nicht bloße Unterhaltung bedeutet. Wo der Gedanke noch nicht aufgegeben worden ist, daß auch das Theater der Gegenwart am Ideal einer ästhetischen Bildung festzuhalten habe, wo Kunst mit dem Anspruch auftritt, den Aufschein der utopischen Möglichkeit eines besseren Lebens wenigstens anzudeuten, wird Wagners Vorstellung eines in dieses Leben intervenierenden Musiktheaters, sein Konzept des Gesamtkunstwerks, immer eine jener großen Provokationen bleiben, auf die jede Zeit ihre eigene Antwort zu finden hat.

Auguste Renoirs Bild von Wagner, 1882 in Palermo gemalt, ist eines der letzten Porträts des Komponisten

Auguste Renoir's painting of Wagner, painted in Palermo in 1882, is one of the last portraits of the composer

Ce portrait de Wagner, l'un des derniers du compositeur, est l'œuvre d'Auguste Renoir, qui l'exécuta en 1882 à Palerme

Unter den zahlreichen Büsten, die es von Wagner gibt, ist die von Friedrich Schaper (1841–1919) eine der ausdrucksstärksten, auch wenn sie die Züge des Dichter-Komponisten stilisiert. Sie entstand vermutlich erst nach dem Tode Wagners, nach einer Fotografie von 1871, und befindet sich heute im Wagner-Museum Tribschen.

Even though it stylises Wagner's features, this bust of the writer-composer by Friedrich Schaper (1841–1919) is one of the most expressive amongst the many in existence. It is thought to date from after Wagner's death and to be modelled on an 1871 photograph. It is now in the Tribschen Wagner Museum.

Parmi les nombreux bustes existant de Wagner, celui de Friedrich Schaper (1841–1919) est l'un des plus expressifs même s'il ne fait que styliser les traits du compositeur et poète. Il ne fut probablement réalisé qu'après la mort de Wagner, d'après une photographie datant de 1871 et se trouve aujourd'hui au Musée Wagner de Tribschen.

Die 1842 in Dresden uraufgeführte Oper *Rienzi* war der größte Premierenerfolg, den Wagner je hatte. Die Abbildung der handgeschriebenen Partitur aus der Zeit der Uraufführung des Werkes zeigt rechts Notierungen von Wagner im Schlußduett Rienzi – Irene. Die Partitur mit zahlreichen Eintragungen von Wagners Hand befindet sich im Wagner-Museum Eisenach.

The opera *Rienzi,* which was first performed in Dresden in 1842, was the greatest first-night success that Wagner ever had. This picture is of the handwritten score from the time of the work's first performance. On the right can be seen Wagner's annotations in the closing duet between Rienzi and Irene. The score contains numerous entries in Wagner's hand and is now in the Eisenach Wagner Museum.

L'opéra *Rienzi,* représenté pour la première fois à Dresde en 1842, est le plus grand succès jamais remporté par Richard Wagner lors d'une première. Sur le côté droit de la partition manuscrite, reproduite ci-contre, datant de la première représentation de l'œuvre, on peut voir plusieurs annotations faites à la main par Wagner, relatives au duo final Rienzi – Irene. Cette partition, qui comporte de nombreuses remarques de la main de Wagner est conservée au Musée Wagner d'Eisenach.

No: 14.

Duett.

(Rienzi Irene.)

Richard Wagner war ein Kriegskind. Als er am 22. Mai 1813 in Leipzig, Brühl 3, geboren wurde, hielten französische Truppen die Stadt besetzt, und im nicht allzu fernen Dresden lagen preußische und russische Soldaten. Es waren unruhige Jahre, der Kampf zwischen Napoleon und seinen Gegnern um die Vorherrschaft in Europa ging zu Ende und mit ihm eine Zeit der Kriege und des Elends, die auch die Familie Wagner mehrfach betroffen hatte.

Richard Wagner war das neunte Kind des Polizeiaktuars Carl Friedrich Wilhelm Wagner und seiner Frau Johanna Rosine. Der Vater, studierter Jurist und sehr erfolgreicher Beamter in sächsischen Diensten, hatte eine ausgeprägte Neigung zum Theater, zu allen Künsten, wie viele seiner Vorfahren, die sangen und musizierten oder die, wie der Großvater, sogar Mitglied des berühmten Leipziger Thomanerchors waren. Der Vater spielte gelegentlich im Theater mit, hatte Umgang mit Künstlern und führte ein unruhiges, exaltiertes Leben. Die Mutter, Tochter eines Bäckermeisters aus Weißenfels an der Saale, auch sie mit musischen Neigungen begabt, war eine schöne Frau, an der der Sohn mit großer Liebe hing. Daneben gab es Geschwister: Ein Bruder war lange vor Richards Geburt gestorben, ein zweiter lebte in Meißen, ein dritter noch bei den Eltern, zusammen mit fünf Schwestern, von denen die eine ein Jahr später sterben sollte.

Schon kurz nach seiner Geburt war Richard erstmals auf der Flucht. Die Mutter verließ Leipzig zusammen mit den Kindern, zog ins nahe gelegene Stötteritz, um den militärischen Wirren zu entgehen. Danach ging die Reise ins böhmische Teplitz, wo Ludwig Geyer, ein enger Freund der Familie, wartete. Immer wieder wurde vermutet, daß er der leibliche Vater Richards gewesen sei, überdies Jude, weshalb sich Wagners späterer Antisemitismus als Form des jüdischen Selbsthasses erklären lasse. Beides ist falsch. Geyer war lange schon mit Richards Vater befreundet, denn beide verband ihre künstlerische Neigung. Ludwig Geyer war ein vielseitig begabter Mann: Von Beruf ein guter Schauspieler, schrieb er Stücke und malte, war als Porträtist so erfolgreich, daß er sich zeitweilig ganz auf diese Tätigkeit konzentrierte. Als Richards Vater am 23. November 1813 mit 43 Jahren an Typhus starb, eine Folge des Krieges, nahm sich Geyer der Familie an. Ein Jahr später heiratete er Wagners Mutter und wurde den Kindern ein guter Vater. Noch vor dem Tod des leiblichen Vaters war Richard am 16. August 1813 in der Leipziger Thomaskirche getauft worden.

Wagners Geburtshaus in Leipzig

The house in Leipzig where Wagner was born

La maison natale de Richard Wagner à Leipzig

„Unser Vater Geyer" – so nannte ihn Richard später in seiner Autobiographie, und wann immer er von ihm sprach, geschah es mit Hochachtung und Liebe. Geyer mühte sich um den kleinen Jungen, brachte ihm die Künste nahe, wollte ihn das Malen lehren, doch davon wollte dieser nichts wissen. Ihn zog das Theater an mit seinen vielfältigen Verwandlungen, mit seiner „bis zum Grauenhaften anziehenden Welt" – wie er später schrieb –, mit seinen bunten Kostümen, seinen Helden und Göttern, den Szenarien eines die Phantasie beflügelnden ständigen Wechsels, in dem nichts stabil und scheinbar alles Veränderung war.

Im Herbst 1814 zog die Familie nach Dresden, zunächst in die Moritzstraße, später in eine Wohnung am Jüdenhof, Ecke Frauengasse. Im September 1821 starb Geyer. „Ich war erst sieben Jahr," schrieb Wagner 1843 in seiner *Autobiographischen Skizze,* „kurz vor seinem Tode hatte ich: Üb immer Treu und Redlichkeit und den damals ganz neuen Jungfernkranz auf dem Klavier spielen gelernt: einen Tag, eh' er starb, mußte ich ihm beides im Nebenzimmer vorspielen; ich hörte ihn da mit schwacher Stimme zu meiner Mutter sagen: sollte er vielleicht Talent zur Musik haben?"

Wagner kam zunächst nach Possendorf und Eisleben zu Verwandten Geyers, dann zurück nach Dresden, wo er am 2. Dezember 1822 als Wilhelm Richard Geyer in die berühmte

Selbstbildnis Ludwig Geyers um 1806

Self-portrait by Ludwig Geyer, c. 1806

Autoportrait de Ludwig Geyer, vers 1806

Kreuzschule aufgenommen wurde. Er beschäftigte sich nun intensiv mit griechischer Mythologie und Geschichte, übersetzte die Odyssee, vertiefte sich in Göttergeschichten und las Shakespeare. Als seine Schwester Rosalie als Sopranistin nach Prag verpflichtet wurde, ging die Familie mit; Richard allerdings blieb in Dresden, lebte als Untermieter bei einer Familie Böhme. Zahlreiche Reisen ins Sächsische und nach Prag verhinderten ein ruhiges Schülerdasein, die Abwesenheit der Familie machte sich bemerkbar: Richard war offensichtlich hochbegabt, aber zugleich ängstlich und undiszipliniert, hatte nachts Angstträume. Er war, was man ein schwieriges Kind nennen könnte. In der Schule wurde er bald der Liebling von Magister Sillig, verfaßte Gedichte und begann im Winter 1827 sein erstes dramatisches Werk: *Leubald – ein Trauerspiel,* das er im folgenden Jahr in Leipzig beendete. „Ein Verbrechen des Fünfzehnjährigen" nannte er es im Rückblick, eine schaurige Ritterballade, in der Leubald, der Ritter, den Tod seines Vaters rächen möchte, sich aber in die Tochter des Mörders verliebt. Der Text dieses Stückes, das manche Motive des reiferen Wagner andeutungsweise vorwegnimmt, wurde erst 1988 in den Bayreuther Programmheften publiziert.

Richard Wagners Mutter, gemalt von Ludwig Geyer 1813
Richard Wagner's mother, painted by Ludwig Geyer in 1813

La mère de Richard Wagner, peinte en 1813 par Ludwig Geyer

Im April 1827 wurde Richard in der Kreuzkirche in Dresden konfirmiert, gegen Ende des Jahres zog er um nach Leipzig, wo die Familie inzwischen wohnte. Seine Schwester Luise hatte dort ein Theaterengagement. Sie war verlobt mit dem Verlagsbuchhändler Friedrich Brockhaus. Richard ging nun ins Nikolai-Gymnasium, er nahm seinen richtigen Namen Wagner wieder an, wohnte bei der Mutter „im Pichhof vor'm Hallischen Tor" mit einem eigenen Eingang, traf häufig seinen Onkel Adolf, der vor dem Peterstor seine Wohnung hatte. Adolf, dessen beachtliche Bibliothek den jungen Wagner magisch anzog, war ein Multitalent: Dichter und Übersetzer, Autor literaturwissenschaftlicher Werke, einer, der Schiller und Goethe noch persönlich gekannt hatte, ein belesener und vor allem auch politisch denkender Mensch, der Partei nahm für das Neue, gegen die Fürsten und deren alte Herrschaftsrechtfertigungen. Er hat den Jüngling wohl am nachhaltigsten beeinflußt, von ihm schwärmte auch der alte Wagner noch, in ihm sah er einen entscheidenden Lehrmeister, der ihm vor allem die Literatur nahebrachte. Daneben traten Ludwig van Beethoven (1770–1827), Carl Maria von Weber (1786–1826) und Wolfgang Amadeus Mozart (1756–1791), die man in Leipzig häufiger hören konnte. Bald gewann Wagner die Überzeugung, „ohne alles Bedenken ... Musik selbst schreiben zu können". Zu diesem Zweck gab es ersten Musikunterricht bei Christian Gottlieb Müller, einem Mitglied des Gewandhaus-Orchesters, der ihm drei Jahre lang, von 1829 bis 1831, Grundkenntnisse in Harmonielehre vermittelte, und zugleich nahm sich der Schüler die Kompositionslehre von Johann Bernhard Logier im Eigenstudium vor. Mehr und mehr bestimmte die Musik sein Leben, Beethovens Partituren wurden gelesen und analysiert, er komponierte für Klavier, für Bläser und für großes Orchester. Intensiv nahm er teil am musikalischen Leben Leipzigs, sah im September des Jahres 1829 Daniel François Esprit Aubers (1782–1871) „Die Stumme von Portici", jene Oper, die zwei Jahre später in Brüssel zum Auslöser der belgischen Revolution werden sollte. Auch auf Richard wirkte sie umwerfend, ihre hochgeputschte Emotionalität versetzte ihn in Begeisterung, die noch gesteigert wurde, als er Beethovens „Fidelio" sah und hörte, mit Wilhelmine Schröder-Devrient (1810–1856) in der Hauptrolle, einer Sängerin, die er zeit seines Lebens tief verehrte und die ihm Vorbild war für das, was er selbst später den Sänger-Darsteller nannte. Daneben gab es musikalische Fortbildung,

Das erste erhaltene Bild von Wagner, ein Scherenschnitt aus dem Jahr 1835

The first surviving likeness of Wagner, an 1835 paper-cut

Le premier portrait existant de Wagner, une silhouette datant de 1835

Orgel- und Klavierspiel, auch Anfänge von Violinunterricht. Rundum-Vitalität also, die auf Kommendes deutete und doch zugleich die hervortretenden Fähigkeiten und Talente nicht perfektionierte. Schließlich wechselte er zur Thomas-Schule in der Hoffnung auf einen Abschluß, der ein Studium ermöglichen sollte.

Im Februar 1831 immatrikulierte sich Wagner an der Leipziger Universität für ein Musikstudium. Sein Lehrer wurde Theodor Weinlig (1780–1842), ein in Italien ausgebildeter Musiker, Organist und Thomaskantor, ein unakademischer Mann, von dem Wagner später sagte, er habe bei ihm „das gründliche Studium des Kontrapunktes“ absolviert. Weinlig versuchte, die Begabung seines Schülers zu fördern, unterstützte die ersten Kompositionsversuche einer Klaviersonate und einer Polonaise, die beide 1832 im Druck erschienen. Ende des Jahres 1831 schrieb Wagner eine Klavierphantasie, schließlich eine *Ouvertüre in d-Moll,* die sogar im Februar 1832 im Gewandhaus aufgeführt wurde, und im Frühsommer seine erste *Sinfonie in C-Dur* – die Zeit war günstig für viele Kompositionsversuche, die sich nicht alle erhalten haben.

Doch zuvor gab es einige Unruhen in Europa, die Wagner mit größter Anteilnahme verfolgte. Im Juli 1830 hatte sich in Paris gegen die Restauration eine neuerliche Revolution ereignet, die den Bürgerkönig Louis Philippe (1773–1850) auf den Thron brachte und dem Bürgertum, den Bankern und Industriellen den endgültigen gesellschaftlichen Sieg. In Belgien stürzten noch vor dem Ende einer Aufführung von Aubers „Die Stumme von Portici“ die Besucher der Oper ins Freie, bauten Barrikaden und riefen die Revolution aus. Kurz danach, im November 1830, erklärte das Land seine Unabhängigkeit von den Niederlanden. Das war die Initialzündung für das russisch besetzte Polen. Polnische Patrioten wagten den Aufstand, verloren alsbald, und große Teile des polnischen Heeres wie viele seiner Führer gingen ins Exil, zumeist nach Paris, teilweise aber auch nach Deutschland, vor allem nach Sachsen, das mit Polen einst dynastisch verbunden gewesen war. Bis nach Griechenland reichte die Freiheitsbewegung, die die europäischen Staaten ergriff. Glaubt man Wagner, dann war diese französische Revolution sein politisches Erweckungserlebnis: „Mit einem Schlage“ – so schrieb er später – „wurde ich Revolutionär und gelangte zu der Überzeugung, jeder halbwegs strebsame Mensch dürfe sich ausschließlich nur mit Politik beschäftigen. Mir war nur noch im Umgang mit politischen Literaten wohl.“ Zur Feier der Revolution komponierte er die *Politische Ouvertüre,* deren Musik allerdings nicht erhalten ist.

Wagner führte ein wildes Studentenleben, er war verwickelt in allerlei Händel, wurde aber zugleich mehr und mehr politisiert. Die Revolution in Paris erschien ihm als Kampf „zwischen dem Alten, Überlebten und dem Neuen, Hoffnungsvollen der Menschheit“, zugleich gab sie Anlaß, sich mit den sozialen und politischen Ursachen auseinanderzusetzen. Anfang 1833 lernte er Heinrich Laube (1806–1884) kennen, einen der maßgeblichen Repräsentanten des „Jungen Deutschland“, der ein häufiger und gern gesehener Gast des Hauses Wagner war und zugleich einer, der politisch dachte, der die literarische Form als Vehikel politischer, sozialer und kultureller Ideen begriff, die rückständigen deutschen Zustände scharf kritisierte, Politik und Gesellschaft, Kirche und intellektuelles Leben gleichermaßen ins Visier nahm. Laube war Mitglied und Kopf einer Oppositionsbewegung, die einen konstitutionellen Staat erstrebte, die die Vorherrschaft des Adels brechen wollte, politische Freiheitsrechte einforderte, gegen Zensur und Beschneidung der Meinungsfreiheit kämpfte, die tradierte Moral ebenso verwarf wie kirchlichen Machtanspruch, für die Befreiung der Frau und die „Emanzipation des Fleisches“, wie die Forderung lautete, entschieden eintrat. Mit Laube, den er später in Paris wiedertraf, besprach Wagner seine Opern-Pläne, ihm las er seine Entwürfe vor, in dessen „Zeitung für die elegante Welt“ schrieb er Artikel. In der Zwischenzeit war er auf Reisen: nach Brünn und Prag, nach Wien und wieder nach Böhmen, schließlich zurück nach Leipzig. Dort begann er mit der Komposition seiner ersten Oper *Die Hochzeit,* in der es um die Aussöhnung zweier in Urfehde liegender Familien geht, die freilich vollkommen mißlingt. Das Stück, von dem nur kompositorische Bruchstücke erhalten sind, erregte so sehr die Ablehnung seiner Familie, daß er es schließlich vernichtete.

Anfang 1833 entwarf Wagner den Text seiner ersten vollständig komponierten Oper *Die Feen,* scheinbar ein Märchen, aber mehr noch ein gesellschaftskritisches Sujet, in dem am Ende die Kunst als Medium einer revolutionären Umwälzung des Bestehenden beschworen wird.

Während der Arbeit an den *Feen* ergaben sich Veränderungen der Lebenssituation: Im Januar 1833 reiste Wagner nach Würzburg, um am dortigen Theater, an dem sein Bruder Albert engagiert war, für einige Zeit Chordirektor zu werden. Fast das ganze Jahr blieb er dort, verliebte sich zweimal für kurze Zeit, komponierte zugleich an seiner neuen Oper. Deren ersten Akt schloß er im August ab, den zweiten und dritten im Laufe des Jahres.

Im Januar 1834 ging er nach Leipzig zurück, die Partitur der *Feen* wurde in dieser Zeit fertiggestellt. Der Versuch, die neu geschriebene Oper hier aufführen zu lassen, schlug allerdings fehl: Sie blieb, obwohl schon angekündigt, zunächst ungespielt.
Im Sommer ging Wagner zunächst nach Teplitz, später nach Prag, und als er nach Hause zurückkam, fand er eine Berufung als Musikdirektor an das Theater in Bad Lauchstädt vor. Die Zustände dort waren allerdings katastrophal, aber er blieb, vielleicht auch deshalb, weil er sich in die Schauspielerin Minna Planer (1809–1866) verliebt hatte. Sie war vier Jahre älter als er, eine charmante und hübsche junge Frau, gewandt und sicher im Auftreten, mit einer unehelichen Tochter, die sie ein Leben lang als ihre Schwester ausgab. Am Theater hatte sie einigen Erfolg, im Privaten erhoffte sie sich Sicherheit – eine Fricka für Wotan Richard, den sie in seinen ausschweifenden und hochfliegenden Plänen von Zeit zu Zeit auf die Erde zu holen suchte.

Innenansicht des Theaters von Bad Lauchstädt, an dem Wagner im Sommer 1834 mit Mozarts *Don Giovanni* debütierte

Interior view of the Bad Lauchstädt theatre where, in the summer of 1834, Wagner made his debut with a performance of Mozart's *Don Giovanni*

Intérieur du théâtre de Bad Lauchstädt, où Wagner débuta en été de l'année 1834, en y donnant *Don Juan* de Mozart

Bad Lauchstädt war die Dependance von Magdeburg, ebenso wie Rudolstadt, die beide im Sommer von der Magdeburger Truppe bespielt wurden. Zur Saison freilich kehrten alle nach Magdeburg zurück, an ein für damalige Verhältnisse eher bescheiden ausgestattetes Haus. Das löste sich dann auch aus ökonomischen Gründen im Mai 1835 auf. Wagner mußte zurück nach Leipzig, er war wiederum stellen- und mittellos. Als die Aussichten auf eine neuerliche Saison am Theater zunahmen, suchte er in verschiedenen Städten Mitteldeutschlands Sänger zu engagieren. In Magdeburg wurde zwar wieder gespielt, aber die Finanznot und dauernder Streit am Theater, auch eine zunehmende Verschuldung Wagners belasteten dort die Arbeit. Hinzu kam: Minna erhielt als Schauspielerin ein Engagement nach Berlin, was Wagner schwer traf. Hochzeitspläne wurden jetzt geschmiedet, eine private Lebensplanung erstellt, der aber die wirtschaftliche Basis fehlte. Wagner begann im selben Jahr mit der Komposition einer neuen großen komischen Oper, dem *Liebesverbot,* nach Shakespeares „Maß für Maß". Von Juni bis Dezember schrieb er den Text, von Januar 1835 bis März 1836 komponierte er die Musik. Es ist eine Oper, die beeinflußt wurde durch die Überzeugungen eines gesellschaftsverändernden Aufbruchs, gerichtet „gegen die puritanische Heuchelei", geschrieben „zur kühnen Verherrlichung der freien Sinnlichkeit", wie Wagner selbst in *Mein Leben* notierte. Radikal-demokratische Vormärz-Parolen, jungdeutsche freie Sinnlichkeit und anarchistische Freiheitsperspektiven gehen hier zusammen, das Werk ist sehr viel weniger komisch, als Wagner meinte; es ist seine erste gesellschaftspolitische Oper. Am 29. März 1836 konnte er in Magdeburg die Premiere seiner Oper dirigieren, doch sie wurde zum Fiasko; ein künstlerischer und finanzieller Reinfall. Da Minna sich nach Königsberg an das Theater bewarb, waren die Magdeburger Tage gezählt.

Minna Planer, Wagners erste Frau, gemalt 1835, im Alter von 26 Jahren

Minna Planer, Wagner's first wife, painted in 1835, at the age of 26

Minna Planer, la première femme de Wagner, peinte en 1835, à l'âge de 26 ans

Der Bau der Leipziger Thomaskirche, einer spätgotischen Hallenkirche, wurde im 13. Jahrhundert begonnen. In der Mitte des 14. Jahrhunderts kam der Chor hinzu, im 15. Jahrhundert wurde der dreischiffige Hauptbau errichtet. Wie bei allen großen Domen war die Arbeit nie wirklich beendet, 1961 bis 1964 wurde die Kirche gründlich restauriert. Im Thomanerchor haben auch Vorfahren Wagners mitgesungen, und er selbst ist in dieser Kirche am 16. August 1813 getauft worden.

Building of St. Thomas' Church in Leipzig, a late Gothic hall church, was begun in the 13th century. The choir was added in the middle of the 14th century, and the triple-naved main section was constructed in the 15th century. As in all great cathedrals, the work was never really completed. Between 1961 and 1964, the church was completely restored. Wagner's forefathers sang in the church choir (the Leipzig Thomanerchor) and he himself was baptised here on 16 August 1813.

La construction de l'église St-Thomas à Leipzig, une église-halle datant du gothique tardif, fut entreprise au XIIIe siècle. Le chœur vint s'y ajouter au milieu du XIVe siècle tandis que le bâtiment principal, à trois nefs, fut érigé au XVe siècle. Comme dans toutes les grandes cathédrales, les travaux ne furent jamais vraiment achevés. De 1961 à 1964, l'église fut scrupuleusement restaurée. Plusieurs ancêtres de Wagner ont chanté dans la chorale de l'église St-Thomas, luimême y fut baptisé le 16 août 1813.

Dresden besaß schon im 19. Jahrhundert mit der Brühlschen Terrasse eines der schönsten Flanierufer der Alten Welt, von vielen „Balkon Europas“ genannt. 1739 bis 1748 ließ Graf Heinrich von Brühl das Gelände auf der ehemaligen Festungsmauer in einen Lustgarten verwandeln, 1814 erhielt die Terrasse eine großzügige Treppenanlage. Für Wagner war sie ein beliebter Ort für Spaziergänge, auf denen er Freunden seine Ideen über die Reform von Staat, Gesellschaft und Theater zu erklären suchte.

In the 19th century Dresden boasted one of the loveliest riverside walks in Europe in the shape of the Brühlsche Terrasse, known to many as "the balcony of Europe". Between 1739 and 1748, Graf Heinrich von Brühl had the site on the former city ramparts transformed into a pleasure garden. 1814 saw the addition of a sweeping staircase. Wagner enjoyed going for walks here, during which he sought to expound to friends his ideas on the reform of the state, society and the theatre.

Au XIXe siècle, Dresde possédait déjà l'une des plus belles promenades jamais aménagées en bordure d'un fleuve, la Brühlsche Terrasse, que beaucoup appelaient également le «Balcon de l'Europe». De 1739 à 1748, le comte Heinrich von Brühl fit transformer en un jardin d'agrément les terrains situés sur l'emplacement des anciennes fortifications et, en 1814, la Terrasse se vit agrémentée d'un escalier de vaste envergure. Wagner aimait à y faire des promenades, au cours desquelles il cherchait à expliquer à ses amis ses conceptions d'une réforme de l'Etat, de la société et du théâtre.

Im Jahr 1834 zog Wagner nach Magdeburg, um die Stelle eines Theaterkapellmeisters anzutreten. Die Stadt wird beherrscht von ihrem mächtigen Dom, der auf die Gründung eines Benediktinerklosters durch Kaiser Otto I. 937 zurückgeht. 1209 begann man mit dem Bau, der im 16. Jahrhundert vollendet war. Er war lange das monumentalste und bedeutendste kirchliche Bauwerk im östlichen Deutschland. 1945 haben Bomben den Dom schwer zerstört, 1946 bis 1957 wurden die größten Schäden behoben.

In 1834, Wagner moved to Magdeburg to take up the post of theatre orchestra conductor. The city is dominated by its mighty cathedral, which has its origins in the founding of a Benedictine monastery by Emperor Otto I in the year 937. Construction of the cathedral itself was begun in 1209 and completed in the 16th century. For a long time it was the most monumental and important church building in eastern Germany. The cathedral was extensively destroyed by bombs in 1945, but between 1946 and 1957 the worst of the damage was repaired.

En 1834, Wagner partit pour Magdebourg, où l'appelaient ses fonctions de chef d'orchestre au théâtre. La ville est alors dominée par la puissante cathédrale dont l'origine remonte à 937, date à laquelle l'empereur Otton 1er y fonda une abbaye bénédictine. C'est en 1209 que furent entrepris les travaux de construction de ce bâtiment, achevé au XVIe siècle. Ce fut, pendant longtemps, l'édifice religieux le plus grandiose et le plus important de la partie est de l'Allemagne. En 1945, la cathédrale fut gravement touchée par les bombardements. Ce qui avait été le plus sérieusement endommagé fut remis en état de 1946 à 1957.

Über Berlin, wo Richard Wagner etwa drei Monate blieb und sich vergebens um eine feste Anstellung bemühte, reiste er, nachdem Freunde Geld für ihn gesammelt hatten, im Juli 1836 zu Minna nach Königsberg, allerdings ohne die Zusage eines Engagements. Das dortige Theater, 1808/09 erbaut, war eines der üblichen Mehrsparten-Theater, dessen Ensemble während der Sommermonate in Memel gastierte. Wagner fuhr hinter der Truppe her, natürlich in der Hoffnung auf Anstellung, aber ohne Erfolg. Er mußte sich, auch als er wieder nach Königsberg zurückkam, mit gelegentlichen Beschäftigungen am Theater begnügen, was er als äußerst bedrückend empfand. Die Zukunftsperspektiven waren ebenso schlecht. Aber dessen ungeachtet heiratete er Minna am 24. November. Getraut wurden sie in einer kleinen Kirche in Tragheim. Er war 23 Jahre, sie 27 Jahre alt, in den Papieren jedoch hatten sie beide ihr Alter gefälscht: Er machte sich ein Jahr älter, sie sich vier Jahre jünger. Der Selbstbetrug, der darin lag, erscheint symptomatisch für diese Ehe: Von Anfang an war es keine glückliche Verbindung, denn beide unterschieden sich in ihren Einstellungen, Absichten und Zukunftshoffnungen doch allzusehr.

In Königsberg bezogen sie zunächst eine kleine und feuchte Wohnung am Steindamm 111, und im April 1837 fand Wagner endlich eine Anstellung als Musikdirektor. Aber Streitigkeiten mit Minna, die schließlich darin gipfelten, daß diese ihn mit einem anderen Mann betrog, die mittelmäßige und unbefriedigende Stellung, wenig Aussicht auf Erfolg als Opernkomponist, die ewigen finanziellen Schwierigkeiten – das alles drückte sehr auf die Stimmung. Wagner las während der Sommermonate Edward George Bulwer-Lyttons (1803–1873) Roman „Cola di Rienzi", prüfte das Sujet auf seine Operntauglichkeit, unternahm zwischendurch Reisen nach Dresden und Berlin und erhielt schließlich einen Vertrag für das Rigaer Theater, wo er im August eintraf. Minna kam nach, sie fanden eine geräumige Wohnung, und so schienen ruhigere Zeiten anzubrechen. Wagner widmete sich nun seinem *Rienzi,* jener entschieden politischen Oper, in der das politische Freiheitspathos, die radikale Kirchenkritik des deutschen Vormärz, Adelsschelte und Revolutionsbegeisterung zusammenspielen – eine Oper, die Entstehung, Verlauf und Verfall der Revolution mit einer Genauigkeit theatralisiert, wie dies bis dahin noch nie gelungen war.

Aussichten auf eine Aufführung der noch nicht zu Ende komponierten Oper gab es vorerst allerdings nicht. Aufgehäufte Schuldenberge, die sich nicht mehr abtragen ließen, zwangen die Wagners im Juli 1839 zu einer überstürzten und spektakulären Flucht. Im Postwagen ging es, nur mit dem Nötigsten versehen, zunächst zur preußisch-russischen Grenze, in der Nacht illegal auf preußisches Staatsgebiet, danach in Richtung Königsberg. Von dort aus reisten sie weiter nach Pillau, wo alle – einschließlich des Neufundländers Robber, der ihnen während der Flucht zugelaufen war – unter fast konspirativem Verhalten nach einer zehntägigen verdeckten Flucht einen kleinen, kaum seetüchtigen Segler bestiegen. Dieser brachte sie nach London, durch mehrere gefährliche Stürme hindurch, deren lebensbedrohliche Schrecken später den Erfahrungshintergrund für den *Fliegenden Holländer* abgeben sollten. Vier Wochen nach der Flucht aus Riga lief das Schiff am 12. August in die Themse ein; die Wagners nutzten die Gelegenheit, sich London – die Hauptstadt des Kapitalismus – genauer anzusehen. Acht Tage später ging die Reise über den Kanal nach Frankreich weiter, zunächst nach Boulogne-sur-Mer, wo sich Meyerbeer aufhielt, den Wagner in der Hoffnung auf Förderung seiner Pläne aufsuchen wollte.

Berlin, Unter den Linden, Gemälde von Eduard Gärnter, 1853. Blick zum Schloß, rechts das Reiterstandbild Friedrichs des Großen und die Oper, links Akademiegebäude, Universität und Zeughaus

Unter den Linden, Berlin, painted by Eduard Gärtner in 1853, looking towards the royal palace with the equestrian statue of Frederick the Great and the opera house on the right and the academy building, university and armoury on the left

Berlin, avenue Unter den Linden, tableau de Eduard Gärtner, datant de 1853. Vue sur le château; à droite, la statue équestre de Frédéric le Grand ainsi que l'Opéra; à gauche, le bâtiment de l'Académie, l'université et l'Arsenal (Zeughaus)

ELLERT & RICHTER VERLAG

Frühjahr 1995

Udo Bermbach (Text)
Auf Richard Wagners Spuren
Eine Bildreise
96 Seiten mit 35 Farb-,
29 S/W Abbildungen
und einer Karte
Format 24 x 32 cm
bezogener Pappband
Superpreis DM 19,80
öS 155,- / sFr 21,-
ISBN 3-898234-590-2
Auslieferung: Anfang März 1995

Informationstext

Nur wenige waren häufiger auf der Flucht als Richard Wagner. Als junger Mann muß er viel reisen, Anstellungen suchen. Leipzig, Dresden, Würzburg und Magdeburg, Königsberg und Riga, Paris und wiederum Dresden sind die Hauptstationen einer beruflichen Laufbahn, die durch die aktive Teilnahme an der Mai-Revolution in Dresden 1849 schnell und gründlich unterbrochen wird. Für Jahre geht Wagner nach Zürich ins Exil, und erst spät findet er - über Zwischenstationen in München, Tribschen/Luzern - in Bayreuth ein eigenes Haus. Hier gelingt ihm der Durchbruch mit Hilfe seines Freundes und Mäzens, dem Bayernkönig Ludwig II., der seine Projekte immer wieder vor dem Scheitern bewahrt. Wagner, der den größten Teil seines Lebens nicht in Deutschland verbrachte, stirbt 1883 in Venedig.
Udo Bermbachs kenntnisreicher Text und die herausragenden Fotos erzählen von den Stationen eines bewegten Lebens: Fast alle Aufenthaltsorte Richard Wagners sind mit dem Entstehen von musikalischen Werken verbunden, die die überkommenen Traditionen sprengen, nach Form und Inhalt Neues und Unerhörtes wagen und heute noch ungebrochene Aktualität besitzen.

Der Autor

Udo Bermbach, geb. 1938 in Berlin, studierte Politische Wissenschaft, Germanistik, Geschichte und Völkerrecht an den Universitäten Marburg/L. und Heidelberg. Seit 1971 Professor für Politische Wissenschaft an der Universität Hamburg mit dem Schwerpunkt Politische Theorie und Theoriengeschichte. Veröffentlichungen zu Problemen des Parlamentarismus, der Parteientheorie, Rätebewegung und -theorie sowie zur politischen Ideengeschichte der Neuzeit und zum Verhältnis von gesellschaftstheoretischem, politischem und ästhetischem Denken der Moderne. Er ist Herausgeber und Verfasser mehrerer Arbeiten zur Geschichte der Oper und Autor der Bayreuther Programmhefte.
Zu Richard Wagner erschienen seine Bücher: "Der Ring des Nibelungen" und "Der Wahn des Gesamtkunstwerks. Richard Wagners politisch-ästhetische Utopie".

Ellert & Richter Verlag GmbH
Friedensallee 7-9
D-22765 Hamburg

Telefon 040-39 84 77-0
Telefax 040-39 84 77 23

Deutsche Bank, Hamburg
(BLZ 200 700 00)
Konto 56/333 00

Hamburger Sparkasse, Hamburg
(BLZ 200 505 50)
Konto 1261/113 789

Geschäftsführer: Gerhard Richter
Eingetragen:
Amtsgericht Hamburg HRB 23843

Für einige Zeit quartierte sich Wagner etwas außerhalb der kleinen Stadt ein, reiste dann aber, nachdem er Meyerbeer seine neue große Oper, den *Rienzi,* vorgestellt hatte, nach Paris weiter.

Am 17. September 1839 traf Wagner in Paris ein, jener kulturellen Metropole des alten Kontinents, die sich anschickte, die „Hauptstadt des 19. Jahrhunderts" (Walter Benjamin) zu werden. Paris war eine Stadt im Aufbruch, nach der Juli-Revolution von 1830 die Stadt des Juste-milieu, des aufstrebenden Finanzbürgertums und einer dekadenten aristokratischen Jugend, der Jeunesse dorée; eine Kapitale, die den Glanz liebte, die in der Grand Opéra sich selbst allabendlich spektakulär inszenierte; in der zugleich Reichtum und Armut nahe beieinander lagen; eine Stadt auch, in der der festliche Gestus einer ästhetisierten Zivilisation das durch Industrialisierung verursachte Elend zu überdecken suchte. Wagners Hoffnungen auf den großen Durchbruch als Komponist zerstoben schnell. Er war, wie er nur allzu bald bemerkte, lediglich einer unter vielen Emigranten, unbekannt und mittellos. Trotz einer freundlichen Empfehlung des die Pariser Opern-Szene beherrschenden Meyerbeer gelang es ihm nicht, in die Zirkel derer, die mitmischten, aufgenommen zu werden. Journalistische Gelegenheitsarbeiten und Nebenbei-Kompositionen deckten nicht den täglichen Geldbedarf, und so stand die Aussicht, in den Schuldturm zu müssen, ständig drohend vor ihm. Die vier Jahre, die Wagner in Paris zubringen sollte, sind denn auch Jahre tiefsten Elends, schlimmster Erniedrigung, größten Geldmangels und geringsten Erfolgs – Jahre, in denen Wagner sich unter dem Eindruck seines täglichen Überlebenskampfes mehr und mehr den radikalen, sozialistischen und anarchistischen Gedanken öffnete, in denen sich seine politischen Grundüberzeugungen durch Lektüre wie Gespräch herausbildeten und für den Rest seines Lebens in ihren Grundoptionen bestimmend blieben.

Wagners Wohnhaus in Königsberg, Steindamm 111

Wagner's residence at 111 Steindamm, Königsberg

La maison d'habitation de Wagner à Königsberg, Steindamm 111

Zunächst wohnte Wagner in einem billigen Hotel garni in der Nähe der Hallen, des „Bauchs von Paris", in der Rue de la Tonnellerie 3, in einem Haus, das heute nicht mehr steht. Später, am 15. April 1840, zog er um in die Rue du Helder 25, nahm eine teure Wohnung im Vertrauen auf einen möglichen finanziellen Erfolg. Da dieser indessen ausblieb, mußte die Wohnung sehr bald schon untervermietet werden, aber gleichwohl war sie nicht zu halten. Am 29. April 1841 verließ Wagner deshalb Paris, zog aufs

Frontansicht des Theaters in Riga

Front view of the theatre in Riga

Vue de face du théâtre de Riga

Land, nach Meudon, in ein kleines Haus in der Avenue du Château 27, eine halbe Stunde südwestlich der Hauptstadt. Hier entwarf er im Mai/ Juni 1841 zunächst den Text des *Fliegenden Holländer,* im Juli/August folgte dann die Orchesterskizze. Es war ein Stück, noch ganz in der Tradition der romantischen Oper, und doch von eigenem Ton und eigener Sprache. Ein Nacht- und Fluchtstück, in dem die Träume zerschellen, die Liebe nicht gelebt werden kann, weil die gesellschaftlichen Umstände allen erhofften Erlösungswünschen entgegenstehen. Ende Oktober zog er wieder nach Paris zurück, in die Rue Jacob 14, in ein Hinterhaus, wo er den *Holländer* zu Ende komponierte. Doch die Hoffnung, den Durchbruch vielleicht noch erzwingen zu können, gab er bald auf. Durch den dauernden Mißerfolg tief verbittert, verließ er Frankreich schließlich am 7. April 1842 und ging zurück nach Dresden, denn dort gab es mittlerweile begründete Aussichten auf Aufführungen des *Rienzi* und des *Fliegenden Holländer.* Die Rückfahrt führte durch Hessen und Thüringen, und sie brachte eine jener Inspirationslegenden hervor, an denen es in Wagners Selbstdarstellungen wahrlich nicht fehlt. „Einen wirklichen Lichtblick gewährte mir die Begegnung mit der Wartburg", schrieb er später in seiner Autobiographie, „an welcher wir in der einzigen sonnenhellen Stunde dieser Reise vorbeifuhren. Der Anblick des Bergschlosses, welches sich, wenn man von Fulda herkommt, längere Zeit bereits sehr vorteilhaft darstellt, regte mich ungemein an. Einen seitab von ihr gelegenen ferneren Bergrücken stempelte ich sogleich zum ‚Hörselberg' und konstruierte mir so, in dem Tal dahinfahrend, die Szene zum dritten Akt meines *Tannhäuser.*"

Aufführung von Wagners *Tannhäuser* in der Pariser Oper im Jahr 1861

A performance of Wagner's *Tannhäuser* at the Paris Opera in 1861

Représentation de *Tannhäuser* à l'Opéra de Paris en 1861

Die Wartburg in Eisenach, die Wagner hier als für sich so bedeutsam beschreibt, hat er selbst erst am 15. Mai 1849 auf seiner Flucht aus Dresden, auf dem Weg ins Exil betreten. Am 29. Oktober 1862 war er erneut dort, im Juli 1877 ein drittes Mal. Die damals bereits restaurierte Burg, Ort des mittelalterlichen Sängerkriegs und der Bibelübersetzung Luthers, im 19. Jahrhundert nationales Symbol der deutschen Einheit, fand nur bedingt Wagners Sympathie; ihm erschienen die um 1855 entstandenen Fresken des spätromantischen Malers Moritz von Schwind (1804–1871) zu schwülstig.

Paris, Rue Jacob 14. Im Hinterhaus wohnte Wagner 1841/1842

14, rue Jacob, Paris. Wagner lived at the rear of the house in 1841/1842

Paris, 14 rue Jacob. Wagner y vécut en 1841/1842, dans le bâtiment donnant sur la cour

Heute ist Eisenach für Wagnerianer ein wichtiger Ort. Am Beginn des Fußwegs zur Wartburg, im Helltal, liegt das in den Jahren 1866 bis 1868 im Stil einer römischen Villa erbaute Haus des mecklenburgischen Mundartdichters Fritz Reuter (1810–1874), in dessen Räumen sich eine kleine Ausstellung zu Wagners Lebensweg findet, mit Dokumenten und dem Flügel des Thomaskantors Theodor Weinlig, den Wagner öfter benutzte. Der eigentliche Schatz dieses Museums, die sogenannte Oesterlein-Sammlung, ist im Dachgeschoß aufbewahrt: eine umfangreiche Bibliothek mit etwa 5 000 Bänden, die – neben den Werken Wagners – vor allem die Literatur bis 1945 in einem erstaunlichen Umfang enthält, aber auch für die Zeit danach noch einen erheblichen Teil der erschienenen Publikationen zu Wagner umfaßt. Darüber hinaus gibt es eine Vielzahl von Wagneriana, Bildern und Büsten, Porträts, Fotografien und Medaillen, Theaterzetteln und Zeitungsausschnitten, Illustrationen und Karikaturen, auch Wagner-Kitsch, weit über 23 000 Objekte. Es ist die nach Bayreuth bedeutendste und umfangreichste Wagner-Sammlung überhaupt, die durch die originale Totenmaske Wagners und eine handschriftliche *Rienzi*-Partitur mit Eintragungen des Komponisten einen besonderen Akzent erhält.

Die Fritz-Reuter-Villa in Eisenach, in der sich ein bedeutendes Wagner-Museum befindet

The Fritz Reuter Villa in Eisenach, which houses a significant Wagner museum

La Villa Fritz-Reuter, à Eisenach, où se trouve un important musée consacré à Wagner

In Berlin war Wagner mehrmals in seinem Leben, aber er hat die Stadt nicht gemocht. Sie hat ihn immer wieder in seinen Hoffnungen auf einen durchschlagenden Erfolg als Musiker und Komponist enttäuscht. Zudem war ihm alles Preußische eher verhaßt. Doch die Stadt hatte schöne Plätze, deren eindrucksvollster der Gendarmenmarkt war. Hier stand das von Karl Friedrich Schinkel entworfene, 1821 eröffnete Schauspielhaus, flankiert vom Französischen Dom, der 1701 bis 1705 gebaut worden war, und seinem – im Bild nicht sichtbaren – baulichen Pendant, dem Deutschen Dom.

Although Wagner visited Berlin several times during the course of his life, he never liked the city, for time and again it thwarted his hopes of sweeping success as a musician and composer. Furthermore, he detested everything Prussian. And yet the city had its attractive spots, the most impressive of which was the Gendarmenmarkt. This was the site of the Schauspielhaus, a theatre designed by Karl Friedrich Schinkel and opened in 1821, flanked by the French Cathedral built in 1701–1705, and its architectural counterpart, the German Cathedral, which cannot be seen in this photo.

Wagner fit plusieurs séjours à Berlin au cours de sa vie, mais il n'aima jamais cette ville qui n'avait cessé de décevoir ses espérances, qui étaient de remporter un franc succès en tant que musicien et compositeur. Par ailleurs, tout dans le caractère prussien lui répugnait. Mais la ville possédait de belles places, dont la plus imposante était le Gendarmenmarkt. C'est là que se dressait le Schauspielhaus (le théâtre), conçu par Karl Friedrich Schinkel et inauguré en 1821. Cet édifice est flanqué de la Cathédrale française et de son pendant – non visible sur l'image –, la Cathédrale allemande.

In Paris erlebte Wagner Jahre materieller Armut. Aber es zog ihn immer wieder in diese Stadt, in der Erfolg zu haben für fast alle Komponisten des 19. Jahrhunderts von größter Bedeutung war. Den Pont Alexandre III. hat Wagner so, wie er hier abgebildet ist, nicht gesehen: Er wurde erst aus Anlaß der Weltausstellung von 1900 errichtet. Den Invalidendom aber hat er gekannt, den größten Kuppelbau des 17. Jahrhunderts, Teil des Hôtel Royal des Invalides, gebaut für Kriegsveteranen und Invaliden.

In Paris Wagner went through years of material poverty. And yet time and again he was drawn back to the city, for to be successful here was of the utmost importance for nearly all 19th century composers. Wagner would not have known this view of the Pont Alexandre III, which was not built until later, on the occasion of the Great Exhibition in 1900. However, he was familiar with the cathedral of Les Invalides with its largest of 17th century domes, forming part of the Hôtel Royal des Invalides, which was built for war veterans and invalids.

Les années que Wagner passa à Paris furent marquées par le dénuement matériel. Pourtant, attiré par cette ville où presque tous les compositeurs du XIXe siècle tenaient à connaître la célébrité, il y revint à maintes reprises. Wagner n'a pas vu le Pont Alexandre III, tel qu'il est représenté ci-contre: il ne fut construit qu'à l'occasion de l'Exposition du Siècle, en 1900. Mais il aura connu le Dôme des Invalides, le plus grand bâtiment à coupole réalisé au XVIIe siècle, qui fait partie de l'Hôtel Royal des Invalides, édifié à l'intention des anciens combattants et des invalides.

„So reiste ich wiederum durch Thüringen und an der Wartburg vorbei, deren Anblick oder Besuch somit einen eigentümlichen Zusammenhang mit meinem Scheiden von oder meiner Zurückkehrung nach Deutschland erhielt", schrieb Wagner in *Mein Leben* mit einer Anspielung auf die vielfältige Bedeutung dieser Burg. Wagner besuchte diese mehrfach; sie war ihm Symbol deutscher Politik und Kunst, aber zugleich spürte er hinsichtlich ihrer Restauration und Ausgestaltung eine distanzierende Abneigung.

"And so once more I travelled through Thuringia and past the Wartburg, the sight of or a visit to which thus became curiously intertwined with my parting from or returning to Germany." Thus wrote Wagner in *Mein Leben*, referring to the manifold significance of the Wartburg fortress. Wagner visited the Wartburg on numerous occasions; for him it was a symbol of German politics and art, yet at the same time he felt a sense of aversion and disassociation from the way in which it had been restored and decorated.

«Ainsi mon voyage me mena-t-il de nouveau à travers la Thuringe et je vins à passer devant la Wartburg dont la vue, ou la visite, adoptait une étrange signification par rapport à mon départ d'Allemagne et à mon retour ici même», écrit Wagner dans *Ma Vie*, faisant allusion à ce que ce château médiéval symbolise à plus d'un égard. Wagner s'y rendit à plusieurs reprises; il incarnait à ses yeux la politique et l'art allemands, ce qui ne l'empêchait pas d'éprouver en même temps aversion et réserve quant à sa restauration et son aménagement.

Im April 1842 kehrte Wagner zusammen mit Minna nach Dresden zurück und wohnte zunächst in der Töpfergasse 6, einer Straße, die es heute nicht mehr gibt. Dann zog er noch im selben Sommer in die Waisenhausstraße 5, in ein Haus der Dresdner Altstadt, das den Bomben des Zweiten Weltkriegs zum Opfer fiel. Hier schrieb er seine *Autobiographische Skizze,* die im Jahr 1851 in Heinrich Laubes „Zeitung für die elegante Welt" erschien. Im August gab es einen erneuten Wohnungswechsel, zur Marienstraße 9, in der Dresdner Neustadt gelegen, und am 1. Oktober 1843 schließlich bezogen die Wagners eine repräsentative Wohnung in der Ostra-Allee 6, nahe dem Zwinger und dem Hoftheater in der Dresdner Friedrichstadt. Auch diese Wohnung, in der Wagner sich erstmals eine eigene Bibliothek zulegen konnte, die er später, als er ins Exil mußte, seinem Schwager Brockhaus übergab und die dadurch erhalten blieb, wurde im Zweiten Weltkrieg zerstört.

In Dresden begann Wagners Karriere. Die Jahre bis zur Revolution von 1849 waren in vielerlei Hinsicht die produktivsten seines Lebens. In dieser Zeit entwarf er die Konzeption des *Ring des Nibelungen,* sein opus magnum, hier entstanden *Tannhäuser* und *Lohengrin,* hier auch entwickelte er sich zum radikalen Revolutionär, der den Umsturz aller bestehenden Verhältnisse wollte und Gesellschaft wie Theater gleichermaßen von Grund auf zu verändern wünschte.

Doch zunächst standen andere Aktivitäten auf dem Plan. Im Sommer des Jahres 1842 hatte Wagner auf dem Schreckenstein bei Aussig den Prosaentwurf des *Tannhäuser* niedergeschrieben, und zugleich war er mit der Vorbereitung der Uraufführung des *Rienzi* beschäftigt, die am 20. Oktober 1842 im Königlich Sächsischen Hoftheater stattfand, um sechs Uhr nachmittags begann und erst nach Mitternacht endete. Es wurde zu seiner eigenen Überraschung sein erster großer Erfolg, und dieser sollte dem Werk bis weit ins 20. Jahrhundert hinein treu bleiben. Dann kam, zwar weniger spektakulär, aber doch ebenfalls wohlwollend aufgenommen, am 2. Januar 1843 die Uraufführung des *Fliegenden Holländer* hinzu, die Wagner selbst leitete. Sie brachte allerdings keinen dauerhaften Erfolg; nach nur vier Vorstellungen wurde das Werk abgesetzt und erst 1865 erneut an der Dresdner Oper aufgeführt.

Obwohl Wagner nun allmählich bekannt, sogar berühmt wurde, blieben seine finanziellen Verhältnisse bedrückend; er hatte noch immer keine feste Stelle, lebte äußerst bescheiden und einfach, mit einer nach wie vor beträchtlichen Schuldenlast, und litt unter dem Verlust der Pariser Freunde. Am 2. Februar 1843 unterzeichnete er endlich einen Anstellungsvertrag als Königlich Sächsischer Hofkapellmeister, allerdings mit gemischten Gefühlen, weil er sich nun dem gefürchteten Joch der Routine aussetzen mußte. Sein Traum, als Komponist von seiner Musik leben zu können, hatte sich nicht erfüllt. Es begann der Alltag eines gut bezahlten Musikbeamten, der sich den täglichen Reibereien und Mißlichkeiten zu stellen hatte. Nebenbei übernahm er gleichzeitig die Leitung des Dresdner Männergesangvereins, führte am 6. Juli in der Dresdner Frauenkirche sein Chorwerk *Das Liebesmahl der Apostel* mit 1200 Sängern und 100 Musikern auf, wobei der in der Kirche verteilte Chor mit unerwarteten, die Zuhörer offenbar überwältigenden Effekten sang und Wagner anschließend von allen bejubelt wurde.

Das königliche Hoftheater in Dresden von Gottfried Semper, Radierung nach 1841

The Hoftheater in Dresden by Gottfried Semper, a post-1841 etching

Le Théâtre de la Cour royale à Dresde, œuvre de Gottfried Semper, eau-forte postérieure à 1841

1ste Vorstellung im vierten Abonnement.

Königlich Sächsisches Hoftheater.

Montag, den 2. Januar 1843.

Zum ersten Male:

Der fliegende Holländer.

Romantische Oper in drei Akten, von Richard Wagner.

Personen:

Daland, norwegischer Seefahrer. — —	Herr Risse.
Senta, seine Tochter. — — —	Mad. Schröder-Devrient.
Erik, ein Jäger. — — — —	Herr Reinhold
Mary, Haushälterin Dalands. — — —	Mad. Wächter.
Der Steuermann Dalands. — —	Herr Bielczizky.
Der Holländer. — — — —	Herr Wächter.

Matrosen des Norwegers. Die Mannschaft des fliegenden Holländers. Mädchen.

Scene: Die norwegische Küste.

Textbücher sind an der Casse das Exemplar für 2½ Neugroschen zu haben.

Krank: Herr Dettmer.

Einlaß-Preise:

Ein Billet in die Logen des ersten Ranges und das Amphitheater . .	1 Thlr.	— Ngr.
„ „ „ „ Fremdenlogen des zweiten Ranges Nr. 1. 14. und 29.	1 „	— „
„ „ „ „ übrigen Logen des zweiten Ranges	— „	20 „
„ „ „ „ Sperr-Sitze der Mittel- u. Seiten-Gallerie des dritten Ranges	— „	12½ „
„ „ „ „ Mittel- und Seiten-Logen des dritten Ranges . . .	— „	10 „
„ „ „ „ Sperr-Sitze der Gallerie des vierten Ranges . . .	— „	8 „
„ „ „ „ Mittel-Gallerie des vierten Ranges	— „	7½ „
„ „ „ „ Seiten-Gallerie-Logen daselbst	— „	5 „
„ „ „ „ Sperr-Sitze im Cercle.	— „	20 „
„ „ „ „ Parterre-Logen	— „	15 „
„ „ „ das Parterre	— „	10 „

Die Billets sind nur am Tage der Vorstellung gültig, und zurückgebrachte Billets werden nur bis Mittag 12 Uhr an demselben Tage angenommen.

Der Verkauf der Billets gegen sofortige baare Bezahlung findet in der, in dem untern Theile des Rundbaues befindlichen Expedition, auf der rechten Seite, nach der Elbe zu, früh von 9 Uhr bis Mittags 12 Uhr, und Nachmittags von 3 bis 4 Uhr statt.

Alle zur heutigen Vorstellung bestellte und zugesagte Billets sind Vormittags von 9 Uhr bis längstens 11 Uhr abzuholen, außerdem darüber anders verfüget wird.

Der freie Einlaß beschränkt sich bei der heutigen Vorstellung blos auf die zum Hofstaate gehörigen Personen und die Mitglieder des Königl. Hoftheaters.

Einlaß um 5 Uhr. Anfang um 6 Uhr. Ende gegen 9 Uhr.

Der Fliegende Holländer – Theaterzettel der Uraufführung, die Wagner 1843 selbst dirigierte

Der Fliegende Holländer – a theatre handbill for the first performance, which Wagner 1843 himself conducted

Le Vaisseau Fantôme – programme de la première représentation que Wagner dirigea lui-même en 1843

Trotz der nunmehr zeitraubenden organisatorischen Belastung ging Wagner an die Komposition des *Tannhäuser,* dessen erster Akt im Winter 1843/44 entstand. Den zweiten Akt skizzierte er im September/Oktober, und der dritte konnte Ende Dezember 1844 beendet werden. Im April 1845 lag die Partitur des Werkes vor. Am 19. Oktober 1845 leitete Wagner die Uraufführung in der Dresdner Oper mit eher mäßigem Erfolg, der sich dann allerdings in den nachfolgenden Aufführungen allmählich steigerte. Wagner überarbeitete das Werk, änderte den Schluß, holte Venus und Elisabeth nun auf die Bühne zurück. Diese „Dresdner Fassung" wurde 1847 erneut in der sächsischen Metropole gespielt, und sie ließ das Werk so populär werden, daß es nun seinen Weg auch auf die anderen deutschen Bühnen fand. Im Herbst 1857, als sich die Chance einer Aufführung in Paris abzeichnete, die freilich dann erst im März 1861 realisiert werden konnte, nahm Wagner erneut erhebliche Änderungen vor: Die „Pariser Fassung" erhielt eine neue Venusbergszene, statt des in Paris üblichen Balletts zu Beginn des zweiten Aktes einer Oper schrieb er ein Bacchanal, der Text wurde gestrafft und die Instrumentierung verändert – die Erfahrungen mit *Tristan und Isolde* gaben dem *Tannhäuser* ein neues Klangbild.

Tannhäuser war – wie Wagner später sagte – eine „Handlung", in der sich die kritisch verarbeiteten gesellschaftlichen wie politischen Erfahrungen seiner Pariser und Dresdner Jahre niederschlugen. Die Ergebnisse der Lektüre französischer Frühsozialisten, die Beschäftigung mit den radikal-demokratischen Ansichten der Literaten des „Jungen Deutschland",

der Einfluß von Ludwig Feuerbachs (1804–1877) Kritik des Christentums und der Kirche – das alles findet sich hier wieder. Tannhäuser ist der Typus eines gegen alle gesellschaftlichen Konventionen handelnden Individualanarchisten, ein Künstler, der die Unmittelbarkeit sinnlicher Eindrücke sucht, der die Liebe, die das Gegenteil von Macht und Herrschaft ist, leben möchte, am Ende aber scheitert an der Macht der Institutionen – und mit ihm scheitert die Vision eines freien und ungebundenen Lebens.

August Röckel war Wagners engster Freund in Dresden. Er, der Musiker und Revolutionär, machte Wagner mit dem sozialistischen Denken vertraut

August Röckel was Wagner's closest friend in Dresden. A musician and revolutionary, he introduced Wagner to the ideas of socialism

August Röckel fut l'ami intime de Wagner pendant les années qu'il passa à Dresde. Musicien et révolutionnaire, c'est lui qui initia Wagner aux idées socialistes

In Dresden machte Wagner die Bekanntschaft von August Röckel (1814–1876), einem Musiker und politischen Anarchisten, mit dem ihn bald eine ganz ungewöhnlich intensive Freundschaft verband. Von ihm wurde er in seinem Denken nachhaltig beeinflußt, Röckels vernichtendes Urteil über die politischen Zustände der deutschen Staaten beeindruckte ihn sehr. Dazu kamen bald Gottfried Semper (1803–1879), ein revolutionär gesinnter Architekt, mit dem Wagner seine Vorstellungen eines vollständigen Umbaus der Theaterarchitektur diskutieren konnte, und Friedrich Pecht (1814–1903), ein Maler aus den Pariser Zeiten, der die Einstellung der Freunde teilte. Wagner erging sich mehr und mehr über die Politik seiner Zeit, er sah überall Verfall und moralische Verkommenheit, sah die Herrschaft des Geldes, die der Kunst – vor allem seiner Kunst – im Wege stand, sie korrumpierte. An den bestehenden Interessen und Verhältnissen, so glaubte er, mußte jeglicher Veränderungswille scheitern, die dringend erwünschte Reorganisation des Theaters ebenso wie die der Gesellschaft insgesamt.

Im Juli 1845, also noch vor der Uraufführung des *Tannhäuser,* hatte Wagner während einer Reise nach Marienbad eine erste Skizze der *Meistersinger* verfaßt und zugleich den Text für den *Lohengrin* entworfen. Der Plan zu *Lohengrin* ging auf die Pariser Jahre zurück, aber erst jetzt, während des Kuraufenthalts, begann dieses Werk zu entstehen, in dem sich Traum und Wirklichkeit fast unauflöslich vermischen, in dem Erlösung Scheitern bedeutet, wie in so vielen Wagnerschen Werken. Von den Pflichten in Dresden beurlaubt, begab sich Wagner im Mai 1846 elbaufwärts nach Graupa – damals Groß-Graupe –, einem kleinen, knapp hinter Pillnitz mit seinem schönen Schloß idyllisch gelegenen Dorf. Hier mietete er sich bis Ende Juli in einem ehemaligen Bauernhaus eine Wohnung, machte Ausflüge in die Umgebung, in den Liebethaler Grund – wo heute das größte Wagner-Denkmal der Welt steht, das einen Besuch unbedingt lohnt –, wanderte auf den Borsberg, nach Pirna und in die sächsische Bastei. Zugleich entstand hier in drei Monaten die musikalische Skizze des Lohengrin, und wo Wagner damals wohnte und komponierte, befindet sich heute eines der bedeutendsten und materialreichsten Wagner-Museen. Wagners Dresdner Zeit ist hier ausführlich dokumentiert, mit vielen originalen Briefen und Theaterzetteln, Gemälden, Möbeln und Dokumenten auch von jenen, mit denen Wagner damals Kontakt hielt, die zu seinem engeren oder auch weiteren Freundes- und Bekanntenkreis zählten. Besonders verdienstvoll ist es, daß hier in einer eigenen Ausstellung August Röckels gedacht wird, dessen politischer Einfluß auf Wagner kaum überschätzt werden kann.

In Dresden spitzte sich indessen manches zu. Privat wurde Wagners notorische Geldnot akut, er konnte geliehenes Geld verschiedenen Gläubigern nicht zurückzahlen. Zwar wurde sein persönliches Einkommen angehoben, aber es reichte nicht aus, die entstandenen Schwierigkeiten zu beseitigen. Ein im März eingereichtes Memorandum „Die Königliche Kapelle betreffend", in dem er Verbesserungen für die Musiker einforderte, blieb ohne Erfolg. Wagner empfand seine Lage als zunehmend unbefriedigend, ja unerträglich. Reisen in verschiedene Städte, in denen seine Werke erfolgreich aufgeführt wurden, konnten sein Empfinden nicht ändern. Auch die Erfolge in Dresden, etwa die Aufführung von Beethovens „Neunter Symphonie", von Glucks „Iphigenie in Aulis", die er in einer eigenen Bearbeitung herausbrachte, auch manches, was er als Operndirektor zu verantworten hatte und was vom Publikum zustimmend aufgenommen wurde, konnten ihn kaum besser stimmen.

Im Februar 1848 brach in Paris die Revolution aus, die Monarchie wurde beendet und die Republik neu ausgerufen. Der Funke sprang alsbald nach Deutschland über, in Sachsen führten Robert Blum (1807–1848) und Arnold Ruge (1803–1880) die Unzufriedenen

Das sogenannte Lohengrin-Haus in Graupa bei Dresden, heute ein wichtiges Wagner-Museum

The so-called Lohengrin House in Graupa near Dresden, now an important Wagner museum

La maison dite Lohengrin, à Graupa, près de Dresde, aujourd'hui important musée consacré à Wagner

an, und Delegationen der großen Städte des Landes verlangten vom König die Aufhebung der Zensur, die Änderung des Wahlrechts, die Einführung rechtsstaatlicher Verfahren und ähnliches mehr. Überall entstanden politische Vereine, nach blutigen Kämpfen konstituierte sich im März ein deutsches Vorparlament, im Mai trat die Frankfurter Nationalversammlung zusammen. Wagner, der gerade den *Lohengrin* beendet hatte und sich in jene Sagen- und Mythenwelt einlas, aus der das Material seiner *Ring*-Dichtung kommen sollte, ließ seinem politischen Temperament nun vollen Lauf. An den sächsischen Abgeordneten Prof. Wigand schrieb er einen Brief mit der Forderung, die Nationalversammlung möge den bisherigen Bundestag aufheben und sich selbst zur konstituierenden Gewalt erklären. Sie möge zugleich die sofortige Volksbewaffnung, ein Schutz- und Trutzbündnis mit Frankreich sowie eine Territorialreform beschließen, wonach in Deutschland Staaten unter drei und über sechs Millionen nicht mehr zugelassen werden sollten. Das Parlament müsse die einzelnen Staaten vollkommen revolutionieren.

Es waren turbulente, auf das höchste erregte politische Zeiten, und Wagner genoß es, inmitten der Unruhen selbst mitmachen zu können. Er entwarf die demokratische Organisation eines „deutschen Nationaltheaters", hielt im Juni im radikalen Dresdner Vaterlandsverein eine aufsehenerregende, viel diskutierte Rede über die *Republikanischen Bestrebungen dem Königtum gegenüber,* schrieb in August

Röckels radikalen „Volksblättern" einen Beitrag, mit dem er die deutschen Fürsten als parasitär angriff. Im Sommer reiste er nach Wien, wohnte zunächst am Fleischmarkt im Hotel Zur Stadt London, zog dann aber in die Goldschmiedgasse um, wo er sich billiger einmieten konnte. Voller revolutionärer Ideen suchte er Sympathisanten, die bereit waren, seine Pläne zu unterstützen. Damals traf er erstmals den berühmten Wiener Kritiker Eduard Hanslick (1825–1904), der voller Erstaunen feststellen mußte, daß Wagner nur von Politik redete, vom Sieg der bevorstehenden Revolution, von dem er die vollkommene Erneuerung der Gesellschaft, der Religion und vor allem des Theaters und der Musik erhoffte. Hanslick, der Wagner eher wohlwollend entgegenkam, wurde später zu einem seiner schärfsten Kritiker, allerdings nicht aus politischen, sondern aus musikalischen Gründen.

Die Rückkehr nach Dresden war ernüchternd, mit Minna gab es immer unerfreulichere Auseinandersetzungen, weil sie die unstete und unbürgerliche Lebensführung ihres Mannes nicht billigen mochte. Wagner, inzwischen umgezogen ins hochherrschaftliche Marcolini Palais in der Friedrichstadt, kam seinen Pflichten an der Oper immer weniger nach. Er zog sich zurück und begann im Spätsommer 1848 mit dem Entwurf *Die Wibelungen. Weltgeschichte aus der Sage* die Grundlegung des späteren *Ring des Nibelungen* zu konzipieren. Kurz danach erfolgte die Niederschrift von *Der Nibelungen-Mythos, als Entwurf zu einem Drama,* abgeschlossen am 4. Oktober 1848, die bereits alle wichtigen inhaltlichen Entwicklungen der Tetralogie enthielt. *Siegfrieds Tod* dann, im November 1848 in Dresden geschrieben, wurde zum Ausgangspunkt des vierteiligen Werks: Denn Wagner bemerkte nach dessen Fertigstellung, daß die hier erzählte Geschichte eine Vorgeschichte haben müsse, und so schrieb er den *Ring* gleichsam von hinten nach vorne, beendete dessen Dichtung aber erst im Schweizer Exil, am 15. Dezember 1852. Mit dem *Ring* hatte Wagner etwas Unerhörtes gewagt, was es bisher noch nie gegeben hatte: in einem sich über vier Abende erstreckenden Musikdrama die fundamentalen Probleme der bürgerlichen Gesellschaft auf der Theaterbühne vorzuführen und dabei nichts weniger als das Entstehen und den Untergang der politisch-gesellschaftlichen Welt zu erzählen. Einer Welt, die durch Politik ruiniert wird, deren Moral und gesellschaftliche Institutionen abgewirtschaftet haben – eine große und überwältigende Vision vom Ende aller bisherigen Geschichte. Und dies alles war eingebettet in die Form einer mythischen Erzählung, deren Wahrheitsanspruch nicht durch konkrete historische Verortung relativiert werden sollte.

Das monumentale Wagner-Denkmal (ohne Sockel vier Meter hoch) von Richard Guhr, 1933 im Liebethaler Grund bei Pirna errichtet, zeigt Wagner als Gralsritter

A monumental Wagner statue (four metres high without its pedestal) by Richard Guhr, 1933, erected in the Liebethal valley, near Pirna, and portraying Wagner as a Knight of the Holy Grail

Monument géant à la mémoire de Wagner (il fait quatre mètres de haut sans compter le socle), érigé en 1933 par Richard Guhr, à Liebethaler Grund, dans les environs de Pirna. Wagner y est représenté sous les traits d'un chevalier du Saint-Graal

Politik und Kunstproduktion flossen in diesen Tagen und Monaten unmittelbar ineinander. Mit August Röckel diskutierte Wagner die Zukunft, durch ihn lernte er den russischen Anarchisten Michael Bakunin (1814–1876) kennen, über den er noch rückblickend in seiner Autobiographie schrieb, er sei ein „wirklich liebenswürdiger, zartfühlender Mensch" gewesen, der jedoch wenig Interesse an Musik gehabt und ihm deshalb auch empfohlen habe, für alle Variationen nur einen Text zu verwenden: „Der Tenor solle singen: ‚Köpfet ihn!' der Sopran: ‚Hänget ihn!' und der Basso continuo: ‚Feuer, Feuer!'"

In abendlichen Wanderungen an der Elbe, in Diskussionen im kleinen Kreis, bestärkt durch das vielfache blutige Niederschlagen revolutionären Aufbegehrens und verschärft durch die Forderungen einer in Sachsen von radikalen Demokraten bestimmten Volksvertretung nach konstitutionellen Reformen, radikalisierte sich Wagners Denken und Handeln immer mehr. Im Februar 1849 erschien aus seiner Feder in Röckels „Volksblätter" anonym sein Aufsatz *Der Mensch und die bestehende Gesellschaft,* in dem es hieß, der Kampf des Menschen gegen die bestehende Gesellschaft habe nunmehr begonnen. In der Frankfurter Paulskirche wurde eine neue Verfassung beschlossen, aber der preußische König weigerte sich, die Kaiserkrone aus der Hand von Parlamentariern entgegenzunehmen. Kurz danach, im April, erschien Wagners letzter Beitrag für Röckels Zeitschrift unter dem Titel *Die Revolution,* in dem er zur Zerstörung der bestehenden Ordnung aufrief und die „erhabene Göttin Revolution" besang, „ewig verjüngende Mutter der Menschheit, vernichtend und beseligend" zugleich.

Den Worten folgten die Taten. In Wagners Garten versammelten sich in den Tagen unmittelbar vor dem Aufstand in Dresden mehrfach Gleichgesinnte, wie Röckel, Bakunin und Semper. Sie berieten über eine mögliche Volksbewaffnung und die Strategie der Erhebung. Wagner bestellte Handgranaten, lagerte sie in seinem Garten und war einer der unermüdlichen Aktivisten.

Sächsische und preußische Truppen greifen 1849 die Barrikaden am Dresdner Neumarkt an

Saxon and Prussian troops storming the Dresden Neumarkt barricades in 1849

En 1849, les troupes saxonnes et prussiennes montent à l'assaut des barricades sur le Place du Nouveau Marché à Dresde

Am 3. Mai brachen die Unruhen aus, Barrikaden wurden gebaut, der König und die Regierung flohen elbaufwärts zur Feste Königstein. Für einige Tage herrschte die Revolution und mitten in ihr: Richard Wagner. Er bezog auf dem Turm der Dresdner Kreuzkirche Posten, mitten unter Scharfschützen, beobachtete von dort aus die heranziehenden preußischen Truppen und gab seine Erkenntnisse an die Leitung des Aufstands im Rathaus weiter. Er feuerte die Aufständischen an, führte kleine Kampfgruppen und brachte Minna zwischendurch zu ihrer Sicherheit aus der Stadt hinaus. Doch nach sechs Tagen war die Revolution verloren, denn die Preußen retteten den sächsischen Thron. Am 19. Mai erschien auf der ersten Seite des „Dresdner Anzeiger" der Steckbrief Wagners, mit dem er „wegen wesentlicher Teilnahme an der in hießiger Stadt stattgefundenen aufrührerischen Bewegung" gesucht wurde.

Wagner selbst war zu dieser Zeit bereits seit über zehn Tagen nicht mehr in Dresden. Nach einigem Hin und Her, mit viel Glück und durch einige Zufälle begünstigt, war er den königlichen Truppen entkommen, war über Freiberg nach Chemnitz, von dort über Altenburg nach Weimar gereist, wo er Franz Liszt (1811–1886) bei den Proben zum *Tannhäuser* antraf. Während die meisten seiner Freunde und Mitkämpfer verhaftet und zum Tode verurteilt wurden, später, soweit sie begnadigt wurden, über Jahre im Zuchthaus saßen, gelang ihm die Flucht – allerdings ohne Minna, die verzweifelt zurückblieb. Er selbst war auf dem Weg nach Zürich, ins Exil.

Wie in kaum einer anderen Stadt hat sich in Dresden Wagners Schicksal entschieden. Hier feierte er als Musiker Triumphe, hier traf ihn die politische Niederlage und zwang ihn zur Flucht ins Exil. Auf den Elbwiesen, Dresdens Panorama vor Augen, diskutierte er mit seinem Freund und Kollegen August Röckel und dem russischen Anarchisten Michail Bakunin über die bevorstehende Revolution, schmiedete Pläne zur vollständigen Erneuerung von Politik, Gesellschaft und Kunst.

Wagner's destiny was sealed in Dresden more than almost any other city. Here he celebrated musical triumphs, and here met with political defeat that forced him into exile. In the meadows by the River Elbe, with a panoramic view of Dresden before him, he discussed the coming revolution with his friend and colleague August Röckel and the Russian anarchist Mikhail Bakunin, and forged plans for the total renewal of politics, society and art.

Peu de villes devaient jouer dans la vie de Wagner un rôle aussi décisif que Dresde. C'est là qu'il triompha en tant que musicien, là que la défaîte politique vint le frapper, l'obligeant à prendre la fuite et à s'exiler. Sur les berges de l'Elbe, face au panorama que lui offrait Dresde, il débattait avec son ami et confrère, August Röckel, de même qu'avec l'anarchiste russe Mikhail Bakounine de la révolution imminente, formant des projets en vue d'une réforme radicale dans le domaine politique, social et artistique.

Von 1843 bis 1849 war Wagner an der Dresdner Hofoper Kapellmeister. In dem von 1838 bis 1841 durch Gottfried Semper erbauten Haus fanden die Uraufführungen von *Rienzi, Der Fliegende Holländer* und *Tannhäuser* statt. Während der revolutionären Unruhen am 7. Mai 1849 wurde die Oper durch Brand zerstört – Wagner wurde zu Unrecht der Brandstiftung beschuldigt – und von 1871 bis 1878 durch Semper in ihrer heutigen Form wieder aufgebaut. 1945 fiel sie Bomben zum Opfer, von 1977 bis 1985 wurde sie im alten Stil wiederhergestellt.

From 1843 to 1849 Wagner was conductor of the Dresden Hofoper (court opera) orchestra. The opera house, built by Gottfried Semper in 1838–1841, was the venue for the first performances of *Rienzi, Der Fliegende Holländer* and *Tannhäuser.* It was destroyed by fire during the revolutionary disturbances on 7 May 1849 – with Wagner being wrongly accused of arson – and rebuilt by Semper in its present form between 1871 and 1878. In 1945 it fell victim to bombing, but was restored in its former style between 1977 and 1985.

De 1843 à 1849, Wagner fut chef d'orchestre à l'Opéra de la cour, à Dresde. C'est dans cet édifice, construit de 1838 à 1841, œuvre de Gottfried Semper, qu'eurent lieu les premières représentations de *Rienzi,* du *Vaisseau fantôme* et de *Tannhäuser.* Détruit par un incendie le 7 mai 1849, lors des émeutes révolutionnaires – Wagner fut accusé à tort d'y avoir mis le feu –, il fut reconstruit par Semper de 1871 à 1878 sous sa forme actuelle. Anéanti par les bombardements en 1945, il fut réédifé dans son style d'origine, entre 1977 et 1985.

Den Sommer 1846 verbrachte Wagner mit seiner Frau in dem südlich von Dresden gelegenen Dorf Graupa. Dort bezog er den oberen Stock eines Bauernhauses. Er wollte sich erholen, komponierte und schrieb jedoch die Orchesterskizze für *Lohengrin*. Das Bild zeigt die ehemalige Wohnstube Wagners mit Möbeln aus der damaligen Zeit und originalen Dokumenten aus Wagners Dresdner Wirken.

Wagner spent the summer of 1846 with his wife in the village of Graupa, south of Dresden. There he occupied the first floor of a farmhouse. He came in search of recuperation, yet wrote the orchestral outline for *Lohengrin*. The picture shows Wagner's former living room containing furniture of the period and original documents of Wagner's Dresden work.

Wagner passa l'été 1846 en compagnie de sa femme au village de Graupa, au sud de Dresde. Il s'y installa au premier étage d'une ferme. Bien que son eût été de se reposer, il y composa et écrivit l'ébauche orchestrale de *Lohengrin*. La photo montre le salon de Wagner tel qu'il était alors, avec les meubles datant de l'époque et des documents originaux relatifs à ses activités à Dresde.

Wagner war ein passionierter Spaziergänger und Wanderer. „Ich laufe, liege im Walde, lese, esse und trinke, und suche das Musikmachen gänzlich zu vergessen", schrieb er am 21. Mai 1846 von seinem Urlaubsort Graupa aus an einen Berliner Freund und dachte dabei gewiß auch an die Basteifelsen im Elbsandsteingebirge.

Wagner was a passionate walker and hiker. "I walk, lie in the woods, read, eat and drink, and seek to forget music-making entirely," he wrote on 21 May 1846 to a friend in Berlin from his holiday resort of Graupa. No doubt he was writing too of the Bastei rocks in the Elbe sandstone mountains.

Wagner était un fervent de la marche à pied. «Je marche, m'allonge dans la forêt, je lis, mange et bois, tentant d'oublier complètement la composition musicale», écrivait-il, le 21 mai 1846, de Graupa, son lieu de villégiature, à un ami berlinois, faisant certainement allusion aux rochers de Bastei des monts de grès des bords de l'Elbe.

Richard Wagner traf Ende Mai des Jahres 1849 in Zürich ein. Er wohnte vorübergehend im Rennweg 55 bei einem Freund aus Würzburger Tagen, verließ die Stadt aber sehr rasch wieder, nachdem ihn der Züricher Staatsschreiber Jakob Sulzer mit einem neuen Paß versehen hatte, der es ihm erlaubte, über Straßburg nach Paris zu gehen, in der Hoffnung, dort vielleicht Karriere machen zu können. Doch solche Erwartungen erwiesen sich schon nach einigen Tagen als falsch. Überdies herrschte in der Stadt die Cholera, und so kehrte Wagner in die Schweiz zurück – für neun Jahre, was er wohl kaum geahnt haben mag. Daß er Zürich als Ort seines Exils wählte, dürfte kein Zufall gewesen sein: Die Stadt war ein Zentrum für geflohene politische Radikale und gescheiterte Revolutionäre. Der Schriftsteller Georg Herwegh (1817–1875), der am badischen Aufstand teilgenommen hatte, lebte hier, und mit ihm verband Wagner sehr bald eine enge Freundschaft, die am 7. Juli 1853, zusammen mit Franz Liszt, auf dem Rütli, dem Gründungsort der Schweizerischen Eidgenossenschaft, im Schwur der „Blutsbrüderschaft" bekräftigt wurde; Gottfried Semper, der Dresdner Architekt und Barrikaden-Freund, kam im Jahr 1853, und Julius Fröbel (1805–1893), ein radikaler Schriftsteller und Verleger, Mitglied der Frankfurter Paulskirche, zählte bald zu seinem Freundeskreis. Wagner war nicht gesonnen, seine revolutionären Auffassungen zu revidieren, im Gegenteil, in Zürich radikalisierte sich sein Revolutionsverständnis. Erst jetzt begann er, über die Revolution und ihren Zusammenhang mit der Kunst systematischer nachzudenken. In drei großen Abhandlungen, den sogenannten *Zürcher Kunstschriften,* zog er eine Bilanz seines bisherigen Lebens, seiner künstlerischen Erfahrung und formulierte die Vision einer das Leben anleitenden Kunst. Alles, was er bisher gelesen und aufgenommen hatte, wurde nun zusammengedacht und systematisch geordnet – ein Rechenschaftsbericht, der zugleich das theoretische Fundament seiner zukünftigen Kunstproduktion abgab. In *Die Kunst und die Revolution,* Ende Juli 1849 in wenigen Tagen entstanden, konfrontierte Wagner die moderne Zivilisation mit der griechischen Antike und umriß den historischen Hintergrund, auf dem er selbst seine eigenen Theorien entfalten wollte. In *Das Kunstwerk der Zukunft,* im November 1849 abgeschlossen, entwickelte er auf der Grundlage anthropologischer Annahmen das Verhältnis von Natur, Mensch, Kunst und Gesellschaft, stellte sodann eine vernichtende Diagnose der Gegenwartskunst, deren Ende für ihn gekommen war. Sie wollte er ablösen durch sein „Gesamtkunstwerk", in dem zukünftig die Kunst mit einer völlig neuen politisch-gesellschaftlichen Organisation verschmelzen sollte. *Oper und Drama,* geschrieben um die Jahreswende 1850/51, Wagners ästhetisches Hauptwerk, war eine historisch-soziologische Auseinandersetzung mit der bisherigen Entwicklung der Oper und des Dramas, an die der Entwurf eines eigenen musikdramatischen Konzeptes anschloß und das die revolutionäre, ästhetische und politisch-gesellschaftliche Perspektive miteinander verband. Alle bisherige Politik abzuschaffen und sie aufgehen zu lassen in einer politisch grundierten Kunst radikal-demokratischer Provenienz – das waren Wagners Intentionen in diesen Züricher Jahren. Noch bevor bzw. während dies alles geschrieben wurde, mußte Wagner eine feste Unterkunft suchen – sich dauerhaft einzurichten gelang ihm auch in Zürich nicht, er zog immer wieder um. Im September 1849 kam Minna trotz vieler Bedenken nach und beide nahmen nun, zusammen mit Minnas Tochter Natalie, einem Hund und einem Papagei, zunächst eine 2-Zimmer-Wohnung im Haus Zur Akazie in der Oetenbachgasse 7, wechselten wenig später in das Haus Steinwiesstraße 3, in die sogenannten hinteren Escher-Häuser im Stadtteil Hottingen, in eine kleine, dunkle und feuchte Parterre-Wohnung, in der sie bis zum April 1851 blieben und in der *Das Kunstwerk der Zukunft* entstand. Zwischenzeitlich mieteten sie sich im Stadtteil Fluntern in einer billigen Pension namens Rinderknecht ein, heute Hochstraße 56 und 58, damals noch ländlich am See gelegen, ein Domizil, in dem Wagner die Versdichtung der *Walküre* schrieb. Zuvor, im Januar 1850, hatte er den Entwurf zu *Wieland der Schmied* begonnen, einem Drama, das manche Motive des *Ring* enthielt, das Wagner jedoch im März endgültig beiseite legte. Im Februar 1850 verließ er Zürich, reiste allein erneut nach Paris, aber auch jetzt blieb der künstlerische Erfolg aus, und so kehrte er – nach einer heftigen Liebesaffäre mit Jessie Laussot, einer Musikschriftstellerin, mit der er in der Aufwallung seiner Gefühle in den Orient fliehen wollte – Ende Juli wieder nach Zürich zurück.

Minna, die die Affäre aus der Ferne miterlebt hatte und darunter sehr litt, wohnte mittlerweile in der Sternengasse 22, der heutigen Sternenstraße, direkt am Ufer des Zürcher Sees, im Haus Abendstern, das inzwischen einem Neubau hat weichen müssen. Hier entstanden *Oper und Drama, Der junge Siegfried, Eine Mitteilung an meine Freunde* sowie *Das Judentum in der Musik,* jenes unsägliche antisemitische Pamphlet, das in einem merkwürdigen Kontrast zu allen sonstigen theoretischen Schriften der damaligen Jahre steht, weil es sich in diese in einem systematischen Sinne nicht einfügen läßt.

Das Züricher Actientheater, in dem Wagner mehrfach mit großem Erfolg dirigierte

The Actientheater in Zurich, where Wagner conducted several times to great acclaim

Le Actientheater de Zurich, où Wagner remporta, à plusieurs reprises, un brillant succès en qualité de chef d'orchestre

Im September 1851 zogen die Wagners erneut um, jetzt in die vorderen Escher-Häuser am Zeltweg 11, im April 1853 in das Nachbarhaus, Zeltweg 13, wo sie in einer repräsentativeren Wohnung bis 1857 blieben; hier vollendete Wagner die Dichtung des *Ring*.

In den Züricher Jahren entwickelte Wagner trotz aller Schwierigkeiten eine staunenswerte Produktivität. Er konzentrierte sich – neben dem konzeptionellen Entwurf seiner Ästhetik – ganz auf sein Werk. Da er zunächst kein eigenes Einkommen hatte, blieb er auf die Hilfe von Freunden angewiesen: Liszt überwies Geld aus Weimar, in Zürich halfen seine Freunde diskret mit erheblichen Summen, von einer Verehrerin, Julie Ritter, bekam er eine ansehnliche Jahresrente, und gelegentlich gab es Geld, wenn er dirigierte. In Zürich wurde er sehr bald eine anerkannte musikalische Autorität: Im Oktober 1850 leitete er im Züricher Actientheater eine Aufführung von Webers „Freischütz" mit großem Erfolg, und dem folgten weitere Opern-Dirigate, daneben auch Konzerte, vor allem Beethoven-Sinfonien, deren Aufführungsqualität in der Presse über alle Maßen gerühmt wurde. Auch eigene Werke kamen zur Aufführung, so etwa im April 1852 *Der Fliegende Holländer,* der unter seiner Leitung im Züricher Stadttheater mehrfach gegeben wurde. Die Züricher dankten ihm seinen musikalischen Einsatz, indem sie ihn zum Ehrenmitglied der Allgemeinen Musik-Gesellschaft ernannten.

In der Schweiz fühlte sich Wagner sehr wohl. Die liberale Einstellung der Behörden gegenüber dem politischen Flüchtling, die Abweisung mehrerer Auslieferungsanträge gaben ihm Sicherheit und erlaubten ihm, in einem rasch anwachsenden Freundeskreis seine eigenen Werkideen zu verfolgen. Wagner wanderte viel, schon kurz nach seinem Eintreffen in Zürich über Rapperswil, Ricken, Toggenburg, Appenzell nach Rorschach; ein Jahr später dann erneut nach Rorschach über Ricken, Wattwil, Waldtstatt, Teufen, St.Gallen, auf dem Rückweg, zusammen mit seinem engen Freund Theodor Uhlig (1822–1853), einem Geiger und Musikschriftsteller, über die Meglisalp auf den Säntis. Ebenfalls mit Theodor Uhlig ging es im selben Jahr, 1851, an die historischen Stätten der Schweiz, die Schauplätze von Wilhelm Tell am Vierwaldstätter See, nach Brunnen, wo sie sich, wie Wagner später noch öfter, im Gasthof Zum Goldenen Adler einquartierten, einem Haus, an dessen Stelle heute ein modernes Hotel steht. Danach fuhren sie zunächst auf dem Schiff nach Beckenried weiter, von dort ging es zu Fuß nach Stans, um die Burgruine Rotzberg zu besichtigen. Am dritten Tag wanderten sie über Wolfenschiessen nach Engelberg und den folgenden Tag in einem siebenstündigen Fußmarsch über den Surenpass ins Reusstal nach Amsteg. Von hier aus ging es durch das Maderanertal hinauf zum Hüfligletscher, zurück über Altdorf nach Flüelen, mit dem Schiff nach Brunnen, wo im Goldenen Adler das Ende der Reise gefeiert wurde. Solche Touren unternahm Wagner noch mehrfach, etwa 1852, als er von Zürich am 10. Juli aufbrach und erst am 5. August wieder zurück war: eine Wanderung, die ihn über Luzern, Alpach, Lungern, Brienz, Interlaken, über die Wengeralp und Kleine Scheidegg nach Grindelwald führte und von dort auf das Faulhorn (2682 m). Der Abstieg erfolgte über die Grosse Scheidegg nach Meiringen, danach durch das Haslital bis Grimsel Hospiz; dann kam der Aufstieg zum Obergestelen im Wallis. Von hier aus wanderte er über Ulrichen durchs Äginental zum Griespass, ging nach Italien hinunter ins Formazzatal bis Domodossola, von wo er dann mit einer Kutsche zurück nach Baveno am Langensee fuhr. Hier besuchte er die Borromäischen Inseln, nahm anschließend das Schiff nach Locarno, dem Startpunkt der Weiterreise über Bellinzona nach Lugano mit einer Einkehr in der Albergo del lago. In Lugano traf er Minna und Herwegh, gemeinsam fuhren sie zurück nach Domodossola, dann über den Simplon nach Martigny im Wallis, von dort nach Charmonix und über Genf, Lausanne und Bern schließlich nach Zürich. Ausgedehnte Wanderungen und Reisen also, bei denen Wagner auch manche szenische Anregung zum *Ring* gekommen sein mag, an dem er zu dieser Zeit arbeitete, wie etwa die „freie Gegend auf Bergeshöhen" im *Rheingold,* auf der Fricka den träumenden Wotan ins Leben zurückbringt, um ihm klarzumachen, was er bisher mit seinen Allmachtphantasien angerichtet hat.

Solche Reisen, die gewiß eine gute Kondition voraussetzten, sollten freilich nicht darüber hinwegtäuschen, daß es mit Wagners Gesundheit eigentlich selten zum Besten stand. Er litt zeit seines Lebens unter den verschiedensten Beschwerden, war allergisch, so daß er Seidenstoffe tragen mußte, und vom 16. September bis 23. November 1851 machte er in Albisbrunn, nicht weit von Zürich, eine Wasserkur nach strengem ärztlichem Plan, um Darmprobleme und eine Gesichtsrose zu heilen. Aus dieser Zeit stammen auch häufige Hinweise darauf, daß er den *Ring* im Rahmen von Festspielen aufzuführen hoffte. Im Oktober schrieb er an seinen Freund Uhlig: „Wenn alle deutschen Theater zusammenbrechen, schlage ich ein neues am Rheine auf, rufe zusammen und führe das Ganze im Laufe einer Woche auf."

Die Konzeption und mögliche Realisierung des *Ring* beherrschten Wagners Züricher Jahre nahezu vollständig – und damit verbunden war immer auch der Gedanke an die Revolution. An seinen radikalen politischen Auffassungen hielt er unbeirrt fest, verschärfte sie sogar, wie sich in vielen Briefen nachlesen läßt. „Ich verlange mit Leidenschaft nach der Revolution", schrieb er im Juli 1851 an seinen Dresdner Freund Kietz, „und nur die Hoffnung, sie noch zu erleben und sie mitzumachen, gibt mir eigentlich Lebensmut." Wagner war überzeugt, daß die Revolution in ihrer sozialen, politischen und vor allem künstlerischen Dimension als ein europäisches Ereignis kurz bevorstehe, er glaubte, alles werde demnächst mit dem Brand von Paris beginnen. Auf den Erfolg der Revolution hoffte er, mit ihm wollte er „den Menschen der Revolution dann erst die Bedeutung dieser Revolution, nach ihrem edelsten Sinne, zu erkennen" geben – wie es in einem Brief vom November 1851 an den Freund Uhlig, mit dem er gewandert war, hieß.

Der Ring des Nibelungen ist Wagners opus magnum, Ideendrama, Ausdruck von Weltanschauung in dem Sinne, daß die Welt einer genauen Anschauung bedarf. In ihm formuliert er seine Gesellschafts- und Zivilisationskritik, rechnet er ab mit einer Moderne, die ihm in zentralen Entwicklungstendenzen völlig schief zu laufen schien. Vor allem aber mit der Politik, die – so glaubte Wagner – die Welt ruiniert hat, weil sie bloß strategisch und nicht mehr moralisch verfährt, weil es ihr nur um Macht und Herrschaft geht, nicht um die Qualität des Lebens, um menschliches Zusammenleben, um Liebe. So erzählt der *Ring* denn von den Konsequenzen, die eintreten, wenn ein ordnungsbesessener Gott patriarchalische Machtphantasien in konkrete Herrschaft überführen möchte, erzählt von der Selbstzerstörung der gesellschaftlichen Institutionen, vom Kampf der Geschlechter und der Schwierigkeit, die Freiheit des einzelnen von außen in eine Gesellschaft von Unfreien einführen zu wollen. Er erzählt von den Problemen hierarchisch geordneter Räume, in denen sich unten und oben verkehren, die Natur der Dinge außer Kontrolle gerät und die Unversehrtheit der Natur, ihre vorzivilisatorische Unberührtheit durch eine entstehende politische Herrschaftsordnung vergewaltigt, am Ende völlig zerstört wird.

Vom 16. bis 19. Februar 1853 las Wagner an vier Abenden im großen Saal des Hotels Baur au Lac, Zürichs vornehmstem Hotel, vor einem gela-

denen Kreis von Freunden seine Nibelungen-Dichtung vor. Er las in seinem eigenen Stil, flüsternd und schreiend, sprechend und halb singend, mit allen Regie-Anweisungen und die Szenerie mit großen, oft heftigen Gesten nachdrücklich unterstreichend. Es wurde ein großer Erfolg, und das mag ihn animiert haben, den Zürichern eine Musikfestwoche vorzuschlagen, die im Mai, anläßlich seines 40. Geburtstags, dann auch stattfand. Mit 72 Musikern aus der Schweiz und aus Deutschland und 110 Sängerinnen und Sängern aus Zürich wurden ausschließlich Teile seiner Werke aufgeführt – es war ein Triumph, und die Züricher huldigten ihm.

Finanziert wurde dies unter anderem von Otto Wesendonck (1815–1896), einem reichen Seidenfabrikanten, der seit April 1851 mit seiner Frau Mathilde im Hotel Baur wohnte und Wagner mehrfach mit der Übernahme seiner Schulden aus Schwierigkeiten half. Neben ihm wurden Dr. François Wille (1811–1896) und seine Frau Eliza (1809–1893), beide aus Norddeutschland in die Schweiz übergesiedelt, beide radikale Liberale, für Wagner wichtig, denn um sie versammelte sich jener Kreis von Künstlern und Intellektuellen, deren Mittelpunkt Wagner war. Man traf sich häufig in Mariafeld, dem Landgut der Willes in der Gemeinde Meilen am Zürichsee, nicht allzuweit von Zürich entfernt. Hier wurde debattiert, hier lernte Wagner durch Herwegh 1854 das Werk Arthur Schopenhauers (1788–1860) kennen, und hier blieb er oft mehrere Tage, um Ruhe und Entspannung zu finden. Vor allem Eliza wurde ihm eine Vertraute, die ihm später in seiner Affäre mit Mathilde Wesendonck hilfreich zur Seite stand.

Vom 1. November 1853 an begann Wagner die Komposition des *Ring*. Mit kurzen Unterbrechnungen blieb er dabei, bis er am 9. August 1857, nach Beendigung des zweiten Aufzugs des *Siegfried*, die Arbeit abbrach, um erst sieben Jahre später wieder neu anzufangen und das Riesenwerk fertigzustellen. Äußerer Grund für diese Unterbrechung war die „Wesendonck-Affäre". Otto Wesendonck hatte sich 1856/57 eine repräsentative Villa bauen lassen und Wagner angeboten, das auf einem zugekauften Grundstück stehende Fachwerkhaus zu beziehen. Die Wagners zogen im April 1857 ein ins Asyl, wie sie das Haus nannten, das heute nicht mehr existiert, und zwischen Wagner und Mathilde Wesendonck entwickelte sich in der Folgezeit eine intensive Liebesbeziehung, die in *Tristan und Isolde* ihren musikalischen Ausdruck fand.

Mit dem *Tristan*-Stoff hatte Wagner sich schon früher beschäftigt, aber erst jetzt ging er ernsthaft an die Arbeit. Am 20. August 1857 begann er den Text zu entwerfen, am 6. August 1859 lag die fertige Partitur vor. Dazwischen vertonte Wagner 1857/58 fünf Gedichte von Mathilde Wesendonck, musikalische Studien zum *Tristan* und übrigens die einzigen fremden Verse, sieht man von wenigen Texten der Pariser Jahre ab, die er je komponierte.

Mariafeld bei Zürich, Landsitz des Ehepaars Wille, häufiger Aufenthaltsort von Wagner

Mariafeld near Zurich, country house of the Wille family, where Wagner often stayed

Mariafeld, près de Zurich, maison de campagne du couple Wille, où Wagner fit de fréquents séjours

Mathilde Wesendonck, gemalt 1850, bevor Wagner sie kennenlernte und sich in sie verliebte

Mathilde Wesendonck, painted in 1850, before Wagner made her acquaintance and fell in love with her

Mathilde Wesendonck, peinte en 1850, avant que Wagner n'en fasse la connaissance et ne s'en éprenne

GOETHE

Im alten, 1825 errichteten Weimarer Theater fand 1850 die Uraufführung des *Lohengrin* statt, die Franz Liszt dirigierte. 1907 wurde dieses Theater, in dem Wagner unmittelbar nach seiner Flucht aus Dresden eine *Tannhäuser*-Probe unter Liszt gehört hatte, abgerissen. An gleicher Stelle entstand der heutige klassizistische Bau. 1945 fast völlig zerstört, wurde das Theater 1948 neu eröffnet. Das Goethe-Schiller-Denkmal hat Wagner gekannt: Es stammt von dem Dresdner Bildhauer Ernst Rietschel, der es 1857 vollendete.

The first performance of *Lohengrin,* conducted by Franz Liszt, took place in 1850 in the old Weimar Theatre, built in 1825. This theatre, in which immediately after his flight from Dresden Wagner had attended a rehearsal of *Tannhäuser* under Liszt, was demolished in 1907. The present-day classical building was erected on the same site. Almost totally destroyed in 1945, the theatre was reopened in 1948. Wagner was familiar with the Goethe-Schiller monument: it was created by the Dresden sculptor Ernst Rietschel, who completed it in 1857.

C'est dans l'ancien Théâtre de Weimar, édifié en 1825, qu'eut lieu, en 1850, la première représentation de *Lohengrin,* dirigée par Franz Liszt. Ce théâtre, où Wagner avait assisté à une répétition de *Tannhäuser* sous la direction de Franz Liszt, immédiatement après sa fuite de Dresde, fut démoli en 1907. L'actuel édifice, de style néo-classique, fut construit au même endroit. Détruit presque intégralement en 1945, le nouveau théâtre fut inauguré en 1948. Wagner a connu le monument, élevé à la mémoire de Goethe et de Schiller. Il est l'œuvre de Ernst Rietschel, sculpteur originaire de Dresde, qui l'acheva en 1857.

Sowohl in den Jahren seines Züricher Exils von 1849 bis 1858 als auch in der Zeit in Tribschen von 1866 bis 1872 und während mehrfacher längerer Aufenthalte in Luzern war der Vierwaldstätter See Teil von Wagners Leben. Bei einer Bootsfahrt auf dem See hatte er Tribschen entdeckt. An seinen Ufern unternahm er täglich Spaziergänge mit seinem Hund.

Lake Lucerne was part of Wagner's life, both during his years of exile in Zurich from 1849 to 1858 and the time he spent at Tribschen from 1866 to 1872, as well as during several long stays in Lucerne. It was during a boat trip on the lake that he discovered Tribschen, and he took his dog for daily walks by the lakeside.

Le lac des Quatre-Cantons fit partie de la vie de Wagner, non seulement durant les années de son exil à Zurich (1849–1858) et dans la période qu'il passa à Tribschen (1866–1872) mais aussi au cours de plusieurs séjours plus ou moins longs, effectués à Lucerne. Il avait découvert Tribschen lors d'une promenade en bateau sur le lac qu'il longeait chaque jour au cours des marches à pied qu'il entreprenait en compagnie de son chien.

Ob Wagner den Grindelwaldgletscher gesehen hat, weiß man nicht genau. Aber es ist sehr wahrscheinlich, denn zumindest eine seiner größeren Wanderungen führte ihn zusammen mit Freunden nach Grindelwald und von dort auf die Höhe der Berge, am Gletscher vorbei.

It is not known exactly whether Wagner ever saw the Grindelwald glacier. However, it is very likely that he did so, because at least one of his long hikes took him and his friends to Grindelwald, and from there high up into the mountains, past the glacier.

On ne sait exactement si Wagner a jamais vu le glacier de Grindelwald. Cela semble toutefois fort probable, car au moins une de ses longues randonnées, entreprise en compagnie de ses amis, le mena à Grindelwald et lui fit longer le glacier à hauteur des sommets.

Am 4. Mai 1864 standen sich Richard Wagner und König Ludwig II. erstmals in der Münchner Residenz direkt gegenüber. Wagner war 51, der König 19 Jahre alt: der eine ein ehemaliger Revolutionär, der endlich seine Werke aufgeführt sehen wollte, sich gesicherte Verhältnisse herbeiwünschte, dem das Schicksal dies unerwartet beschied und der deshalb auch zugriff; der andere ein junger Idealist, für den Kunst und Realität sich im Wagnerschen Werk trafen und untrennbar miteinander verschmolzen. „Er ist leider so schön und geistvoll, seelenvoll und herrlich, daß ich fürchte, sein Leben müsse wie ein flüchtiger Göttertraum in dieser gemeinen Welt zerrinnen", schrieb Wagner nach diesem Treffen an Eliza Wille, und damit war der Ton dieser Freundschaft angeschlagen. Beide spielten ihre Rollen, die sie vermutlich selbst nach einiger Zeit durchschauten. Zunächst aber erfüllte sich für Wagner ein Traum: Der König übernahm die Begleichung aller Schulden, er gewährte ein Jahreseinkommen etwa in der Höhe des Gehalts eines Gymnasialrektors, er zahlte zusätzlich für die Komposition des *Ring* – und war damit nach Wesendonck und Schott der dritte, der dieses Werk finanzierte.

Wagner fuhr nach Wien zurück, holte seine Möbel und bezog danach das Haus Pellet in Kempfenhausen am Starnberger See, unweit von Schloß Berg, wo Ludwig II. wohnte, so daß beide sich täglich treffen konnten. Auch für Minna in Dresden war jetzt gesorgt, denn Wagner sandte ihr Geld und nahm ihr so wenigstens ihren finanziellen Kummer. Cosima kam am 29. Juni ins Haus Pellet, und obwohl sie beide noch verheiratet waren, entschieden sie sich jetzt füreinander. Cosima schrieb an eine Freundin: „Ich bin seit drei Tagen hier und mir scheint, daß es bereits ein Jahrhundert sei und daß es dauern wird, wie lange, weiß ich nicht."

König Ludwig II. von Bayern

King Ludwig II of Bavaria

Le roi Louis II de Bavière

Im Sommer verfaßte Wagner seine Abhandlung *Über Staat und Religion,* gedacht als Rechenschaftsschrift für den König, in der er einerseits die eigene revolutionäre Vergangenheit abzuschwächen versuchte, andererseits aber seine alte Staatskritik wiederholte und zugleich die Idee einer republikanischen Monarchie, die er einst in Dresden formuliert hatte, erneut vortrug. Für den König komponierte er einen *Huldigungsmarsch,* der am 5. Oktober 1864 in Anwesenheit der Majestät in der Münchner Residenz uraufgeführt wurde.

Seit dem Frühherbst wohnte er in der Brienner Straße 21, gegenüber den Propyläen in einer Villa, die der König ihm geschenkt hatte. Ludwig wünschte, daß Wagner den *Ring* rasch fertigstellen sollte, er wollte ihn vollständig aufgeführt erleben, und man darf bezweifeln, daß ihm klar war, was er da eigentlich verlangte. Für die Tetralogie wollte er in München am rechten Isar-Ufer ein riesiges Festtheater erbauen lassen, zu dem eine breite, den Fluß überspannende Prachtstraße hinführen sollte. Wagner empfahl seinen alten Freund Gottfried Semper für die Ausführung des Plans, doch das Projekt konnte nicht realisiert werden: Die Kostenvoranschläge übertrafen bei weitem die Finanzkraft der königlichen Privatkasse.

Wagners Lebensstil und sein enges Verhältnis zum König, der die Staatsgeschäfte zu vernachlässigen begann, stießen bei den führenden bayerischen Politikern und in der Münchner Gesellschaft zunehmend auf Kritik. Dennoch hielt der König zu ihm, der in politische Intrigen hineingeriet und Presseangriffen ausgesetzt war. Wagner entwickelte Pläne, in München eine Musikschule zu errichten, deren Aufgabe es sein sollte, Künstler für Musteraufführungen seiner musikdramatischen Werke auszubilden. Im März wünschte Ludwig, *Tristan und Isolde* aufgeführt zu sehen, und dies geschah dann auch, nach einigen Schwierigkeiten und Störungen, unter der Leitung Hans von Bülows am 10. Juni 1865. Es war eine so beispiellose Aufführung, daß sie dreimal wiederholt wurde und Wagner am Ende glaubte, danach könne nichts Vergleichbares mehr kommen: „Von da an nur noch reines Leiden" war seine Überzeugung.

Der König drängte ein weiteres Mal, er wünschte Aufzeichnungen von Wagners Leben zu erhalten. Am 21. Juli 1865 begann Wagner, Cosima von Bülow seine Autobiographie *Mein Leben* zu diktieren. Und er machte sich daran, den *Parsifal* zu entwerfen, auch dies auf Wunsch von Ludwig. Cosima, obwohl mit Bülow noch verheiratet, lebte jetzt sehr häufig bei

Schloß Berg am Starnberger See, häufiger Treffpunkt Wagners und Ludwigs II.

Berg Castle by Lake Starnberg, where Wagner often met Ludwig II

Le Château de Berg, en bordure du lac de Starnberg, lieu de rencontres fréquentes de Wagner et de Louis II

ihm und führte ihm den Haushalt – ein Skandal für das katholische München, das Wagners Stellung beim König ohnehin mit schärfstem Mißtrauen sah. Überdies griff Wagner in die Politik des Königreiches ein: Er regte eine Heeresreform an, schlug Personalveränderungen im Kabinett vor, um seine eigenen Pläne einer Revolutionierung der Kunst vorantreiben zu können, und brauchte zudem immer wieder Geld – enorme Summen, am Ende etwa ein Viertel des königlichen Privatvermögens. Der König geriet in eine schwierige Lage, zeitweilig sah es so aus, als habe er nur noch zwischen Wagner und dem Thron zu wählen. Unter Druck entschied er sich für den Thron, und Wagner erhielt am 6. Dezember 1865 den königlichen Wunsch übermittelt, das Land zu verlassen. Vier Tage später, am 10. Dezember reiste er mit dem Zug aus München ab, nach Genf in die Schweiz, begleitet von seinem Hund, während Cosima vorerst zurückblieb.

Doch der Kontakt zwischen Wagner und dem König blieb bestehen. Briefe wechselten ebenso wie gegenseitige Treue- und Zuneigungsbekenntnisse, der König hielt seine finanziellen Versprechen und unterstützte ihn, der viel reiste und vorerst keinen festen Wohnsitz hatte. Im Frühjahr 1866 kam Wagner zusammen mit Cosima, die jetzt mit ihm lebte, nach Luzern. Auf einer Schiffsfahrt über den Vierwaldstätter See sahen sie südlich der Stadt auf einer kleinen Landzunge ein Haus liegen, das ihnen sehr gefiel. Am 4. April unterschrieb Wagner den Mietvertrag, am 10. April ließ der König aus München die Jahresmiete überweisen, am 15. April zog Wagner in Tribschen ein, und er blieb hier bis zum 22. April 1872. Cosima folgte mit ihren Töchtern am 12. Mai, und wenige Tage später, am 22. Mai, dem 53. Geburtstag Wagners, erschien auch Ludwig II. ganz überraschend – im Kostüm des Walter von Stolzing.

Der ehemalige Salon in Tribschen, im Vordergrund Wagners Erard-Flügel

The former drawing room in Tribschen, with Wagner's Erard grand piano in the foreground

L'ancien salon à Tribschen; au premier plan, le piano à queue de Wagner, un Erard

Am 25. Januar 1866 war Minna in Dresden an Herzversagen gestorben. Wagner war nun für Cosima frei, aber sie, die noch immer mit Bülow verheiratet war, konnte nicht dauernd bei ihm bleiben. Sie mußte häufiger nach München und Basel zu ihrem Mann zurück. Erst am 16. November 1868 kam sie mit ihren Töchtern Isolde und Eva endgültig nach Tribschen, lebte nun ganz bei Wagner und für ihn, und zwei Jahre später, am 25. August 1870, heirateten beide in der kleinen evangelischen St. Matthäus Kirche von Luzern – Cosimas Scheidung war kurz zuvor, am 18. Juli, in Berlin vollzogen worden.

„Wohin ich mich aus meinem Hause wende, bin ich von einer wahren Wunderwelt umgeben: ich kenne keinen schöneren Ort auf dieser Welt, keinen heimischeren als diesen", schrieb Wagner an Ludwig II. über Tribschen. Das dreistöckige Haus mit jeweils fünf bis sechs Zimmern pro Etage war geräumig, bot Platz für eine große Familie – nach Cosimas Einzug lebten insgesamt zwölf Personen dort. Es stand, von Bäumen umgeben und in herrlicher Lage am See, auf einem weitläufigen Grundstück, auf dem sich noch ein Bauernhaus befand – für Wagners vier Dienstboten und zwei Pferde – sowie ein Pfauenhaus, in dem unter anderem die Pfauen Wotan und Fricka untergebracht waren. Wagner selbst hat über seinen Tagesablauf berichtet, daß er nach dem Frühstück, etwa um 8 Uhr, mit dem Komponieren beginne, dann gegen Mittag sein Essen nehme, zum Kaffee Briefe erledige und Zeitungen lese; danach einen

kurzen Mittagsschlaf halte und anschließend, etwa gegen 3 Uhr, mit dem Hund spazierengehe, öfter auch die Post in Luzern abhole oder sich Notenpapier besorge; dann nach der Heimkehr um 5 Uhr erneut kurz ruhe, sodann bis zum Abendbrot um 8 Uhr wieder komponiere; anschließend bei Tee klassische Literatur lese, um dann gegen 11 Uhr zu Bett zu gehen.

In Tribschen führte Wagner wie stets ein offenes Haus. Hans von Bülow und die beiden Trauzeugen, die Schriftstellerin Malwida von Meysenbug (1816–1903) und Hans Richter (1843–1916), der spätere Dirigent der Bayreuther Uraufführung des *Ring*, Franz Liszt, Gottfried Semper, der Komponist Peter Cornelius (1824–1874), der Pianist Josef Rubinstein (1847–1884), aber auch Judith Gautier (1846–1917) und ihr Mann Catulle Mendès (1841–1909) und vor allem Friedrich Nietzsche, der 23mal ins Haus kam, waren einige der prominenten Freunde. Manche von ihnen

Cosima von Bülow in jüngeren Jahren

Cosima von Bülow in her younger days

Cosima von Bülow, jeune femme

blieben über längere Zeit zu Gast, so etwa Hans Richter, der insgesamt 13 Monate dort verbrachte, um die Partitur der *Meistersinger* zu kopieren. Vor allem eines ereignete sich hier: Nach der Geburt von Eva (1867–1942), seiner zweiten Tochter mit Cosima, die am 17. Februar 1867 in Tribschen zur Welt kam – die erste Tochter Isolde (1865–1919) galt als Tochter Hans von Bülows – wurde dort am 6. Juni 1869 der langersehnte Sohn Siegfried geboren.

Zunächst wandte sich Wagner wieder den *Meistersingern* zu. Er begann mit der Arbeit zum zweiten Aufzug im Mai und beendete die Partitur des Werkes am 24. Oktober 1867. Eine Komödie wollte er schreiben, und dies ist ihm auch gelungen, aber doch noch mehr. Denn es geht jenseits der erzählten Geschichte auch um jene politisch-ästhetischen Probleme, welche ihn während der Dresdner und Züricher Jahre so sehr beschäftigt hatten: um Politik und die Selbstorganisation eines selbstbewußten Bürgertums, um Regeln und Konventionen, die die künstlerische Kreativität, die das Neue und Unerhörte verhindern, um die Absage an Politik zugunsten der ästhetischen Erfahrung, zugunsten einer theatralischen Kunst, in der die überkommene Politik aufgehoben sein wollte: „Zerging in Dunst das heil'ge röm'sche Reich, uns bliebe gleich die heil'ge deutsche Kunst!" Die Uraufführung fand am 21. Juni 1868 in München statt, in Anwesenheit Wagners und des bayerischen Königs.

Neben Plänen, die nicht ausgeführt wurden – wie dem eines Lustspiels über *Luthers Hochzeit*, entworfen im August 1868 –; neben literarischen Arbeiten wie der für Julius Fröbels „Süddeutsche Presse" im September 1867 geschriebenen Artikelserie über *Deutsche Kunst und deutsche Politik*, die auf Befehl Ludwigs II. nach der 13. Folge abgebrochen werden mußte, weil Wagner hier zu kritisch auf die allgemeine politische Lage reagierte; neben kleineren Schriften wie *Über das Dirigieren* von 1869, zu *Beethoven* von 1870 und *Über die Bestimmung der Oper* von 1871 galt alle weitere Arbeit und Konzentration der Vollendung des *Ring*. Wagner begann nach einer zwölfjährigen Unterbrechung den dritten Aufzug des *Siegfried* am 1. März 1869 und beendete die Partitur am 5. Februar 1871. Noch vor diesem Abschluß hatte er am 9. Januar 1870 mit der *Götterdämmerung* begonnen, die er in Tribschen fast zu Ende komponieren konnte; die Partitur wurde allerdings erst in Bayreuth, am 21. November 1874, fertiggestellt. Besonders verbunden mit Tribschen ist das *Siegfried-Idyll*, ein Musikstück nach Motiven aus dem *Siegfried*, das Wagner zu Cosimas 33. Geburtstag heimlich schrieb und am 25. Dezember 1870 im Treppenhaus von 16 Mitgliedern des Zürcher Theaterorchesters früh morgens aufführen ließ: „Treppenmusik", wie die Kinder es nannten. Das Stück wurde noch mehrmals an diesem Tage wiederholt.

Tribschen ist heute, neben Wahnfried in Bayreuth und dem Richard-Wagner-Museum in Eisenach, die bedeutendste Wagner-Gedenkstätte. Dieses Haus und sein 30 000 qm umfassender Park wurden 1931 von der Stadt Luzern gekauft und als Museum eingerichtet. Dabei ist der Charakter des Wohnhauses weitgehend erhalten geblieben: Die Wohnräume Wagners sind zwar Ausstellungsräume, aber sie enthalten neben vielen in Vitrinen ausgestellten Dokumenten auch Gegenstände, die Cosima und Wagner benutzt haben. Im ehemaligen Salon steht Wagners berühmter Erard-Flügel; man findet die bekannte Bronzebüste von Friedrich Schaper, die um 1880 entstanden ist; Kleider und Wagners Sessel, Urkunden und Gemälde, zahlreiche Handschriften und Erstausgaben wie auch eine umfangreiche Wagner-Bibliothek vervollständigen die schön präsentierte Sammlung des Museums.

Auch während der Zeit in Tribschen hatte Wagner seine Pläne zum Bau eines großen Festspielhauses weiterverfolgt. Semper legte, wie schon erwähnt, einen monumentalen Entwurf für München vor, der sich aus Kostengründen freilich dort nicht realisieren ließ. In München wurde auf Anordnung des Königs am 22. September 1869 das *Rheingold* uraufgeführt, gegen den ausdrücklichen Willen Wagners, und ein Jahr später, am 26. Juni

Modell des geplanten Festspielhauses in München, entworfen von Gottfried Semper 1864

Model of the planned festival theatre in Munich, designed by Gottfried Semper in 1864

Maquette du Palais du Festival de Munich, édifice conçu par Gottfried Semper en 1864

1870, wiederholte sich dasselbe mit der *Walküre.* Wagner blieb indessen den Aufführungen fern, denn er wollte den *Ring* nur komplett realisiert wissen, fand aber dazu kein geeignetes Theater. In einem Lexikon hatte er vom Markgräflichen Opernhaus in Bayreuth und dessen großer Bühne gelesen, und so brach er dorthin auf, um sich dieses Haus anzusehen. Am 17. April 1871 traf er dort ein; die Stadt, die damals etwa 17 000 Einwohner zählte, gefiel ihm sofort. Er faßte den Plan, hier sein eigenes Festspielhaus zu bauen, um die Tetralogie, die vier Teile des *Ring,* aufführen zu können. Im Herbst fragte er in Bayreuth wegen eines Grundstücks nach, begründete auch seine Wahl: Die Festspiele sollten weder in einer Hauptstadt mit stehendem Theater noch in einem Badeort, der im Sommer nur ungeeignetes Publikum aufzuweisen habe, stattfinden; vielmehr in einer dem Mittelpunkt von Deutschland nahe gelegenen bayerischen Gemeinde, wo er sich auch selbst niederlassen könne. Nur wenige Tage später, am 1. November, entschied der Bayreuther Gemeinderat, Wagner ein Grundstück für sein Festspielhaus zur Verfügung zu stellen.

Wagners Wahl fiel auf den „Grünen Hügel" außerhalb der Stadt, er selbst wurde nun zum Architekten, Bauherrn und Festspielorganisator. Am 1. Februar 1872 erwarb er das Grundstück zum Bau seines eigenen Hauses Wahnfried, und noch am selben Tag wurde der Verwaltungsrat der Festspiele gegründet, der sofort mit der Ausgabe von Patronatsscheinen begann, um die Finanzierung des Unternehmens zu sichern. Wagner mußte Tribschen nun verlassen, nicht ohne Wehmut; er wohnte zunächst im Hotel Fantaisie außerhalb von Bayreuth, in Donndorf. Am 22. Mai 1872, seinem 59. Geburtstag, fand bei strömendem Regen die Grundsteinlegung des Festspielhauses statt. Die daran anschließenden Festlichkeiten, Aufführungen des *Kaisermarsches* und Beethovens „Neunter Symphonie", die Festtafel für 300 geladene Gäste – das alles schien ein glänzender Auftakt für ein bis dahin beispielloses Vorhaben.

Doch die Schwierigkeiten stellten sich rasch ein. Die erhoffte Finanzierung blieb in vielen Fällen aus, und Wagner, der inzwischen in einem großen Stadthaus in der Dammallee 7 wohnte, war gezwungen, in eigener Sache im Deutschen Reich zu werben, auch um Künstler zu gewinnen, die das zukünftige Bayreuth brauchte. Im November 1872 ging er zusammen mit Cosima auf Reisen: nach Würzburg, Frankfurt/M., Darmstadt und Mannheim, nach Stuttgart und Straßburg, nach Karlsruhe und Wiesbaden, nach Mainz und Köln, nach Düsseldorf und Hannover, nach Magdeburg, Dessau und Leipzig – und zurück nach Bayreuth. Es war seine letzte große Reise durch Deutschland, aber die Ausbeute erwies sich als äußerst mager, sowohl in Hinsicht auf den Stand der künstlerischen Ausbildung von potentiellen Mitwirkenden bei den geplanten Festspielen als auch bezüglich der Beschaffung benötigter Finanzen. Als für das Festspielhaus am 2. August 1873 Richtfest gefeiert wurde, schien das Ende einer großen und kühnen Idee gekommen. Sicher jedenfalls war, daß der ursprüngliche Plan, bereits 1873 die ersten Festspiele abzuhalten, nicht eingehalten werden konnte, und da Ludwig II. nicht mehr zahlen mochte, schien der Ruin unabwendbar. Kaum besser stand es um Wahnfried; der Bau, von Wagner entworfen, machte zwar Fortschritte, aber das Geld wurde ebenfalls knapp.

Am 25. Januar 1874 traf die befreiende Nachricht ein, der König habe es sich anders überlegt und wolle noch einmal mit Geld in die Bresche springen. Bayreuth war gerettet, auch Wahnfried, in das Wagner am 28. April einziehen konnte. Nun begannen die Vorbereitungen für die ersten Festspiele, das Aussuchen der Künstler, nicht nur der Sänger, auch aller sonstigen Mitarbeiter. Wagner hatte Menschen um sich versammelt, die ihn nachhaltig unterstützten, denn alleine, ganz auf sich gestellt, wäre das Vorhaben kaum durchzuführen gewesen. Aber trotz aller Zuwendungen zeichnete sich erneut ein finanzielles Defizit ab, und dies zwang zu Reisen und Dirigaten, zu Besuchen auswärtiger Wagner-Aufführungen in Wien, Budapest und Berlin, zur Komposition eines *Großen Festmarsches* anläßlich der hundertjährigen Gedenkfeier der amerikanischen Unabhängigkeit – Aktivitäten, die nur dazu dienten, Geld zu sammeln und die am Ende die Kräfte überforderten.

Am 13. August 1876 wurden die ersten Bayreuther Festspiele mit dem *Ring* eröffnet, allen bisherigen, kaum zu bewältigenden Schwierigkeiten zum Trotz: Die Kaiser von Deutschland und Brasilien kamen, die Könige von Bayern und von Württemberg, der deutsche und europäische Hochadel war ebenso vertreten wie zahlreiche in- und ausländische Künstler. Was es in der Geschichte der Kunst bis dahin noch nie gegeben hatte: daß ein Komponist für sein eigenes Werk in einem eigens dafür errichteten Theater eigene Festspiele abhalten konnte – Wagner hatte es geschafft.

Richtfest für das
Bayreuther Festspielhaus
1873

Topping-out ceremony at
the Bayreuth festival
theatre in 1873

La fin du chantier du
Palais du Festival de
Bayreuth est fêtée en
1873

APOLLINI MVSISQVE REDD

Das Münchner Nationaltheater wurde im Oktober 1818 eröffnet. Nach dem Brand von 1823 machte Leo von Klenze durch Eingriffe in die Gestaltung das Haus zum Prototyp eines klassizistischen Operntheaters. Im Oktober 1943 zerstört, wurde es 1963 mit den *Meistersingern* wieder öffentlich zugänglich gemacht. Mehrfach war es Ort für Uraufführungen von Wagners Werken, so des *Tristan*, der *Meistersinger* und der *Feen*. Auf Wunsch Ludwigs II. von Bayern und gegen Wagners ausdrücklichen Willen wurden auch *Das Rheingold* und *Die Walküre* hier uraufgeführt.

The National Theatre in Munich was opened in October 1818. After a fire in 1823, Leo von Klenze's alterations turned it into the prototype of a classical opera theatre. In October 1943 it was destroyed, but opened to the public again in 1963 with a performance of *Die Meistersinger*. It was several times the venue for first performances of Wagner's works, including *Tristan, Die Meistersinger* and *Die Feen*. At the behest of King Ludwig II of Bavaria, but against Wagner's express wishes, *Das Rheingold* and *Die Walküre* were also first performed here.

Le Théâtre National de Munich ouvrit ses portes en octobre 1818. Après l'incendie de 1823, Leo von Klenze fit de cet édifice le prototype de l'opéra de style néo-classique en y apportant certains aménagements. Détruit en octobre 1943, il fut rouvert au public en 1963. On y donnait les *Maîtres chanteurs*. C'est ici qu'eurent lieu plusieurs premières d'œuvres de Wagner, dont *Tristan*, les *Maîtres chanteurs* et les *Fées*. A la demande de Louis II de Bavière et contrairement à la volonté expresse de Wagner, *l'Or du Rhin* et la *Walkyrie* y furent également représentés pour la première fois.

1867 faßte Ludwig II. von Bayern den Plan, sich eine „Wartburg“ bauen zu lassen. Nach seinen Ideen und unter seiner Aufsicht begann der Bau des Schlosses 1869. Aber der eigentliche Gestalter Neuschwansteins war bezeichnenderweise der Theatermaler Christian Jank; mittelalterliche Burg, Bild- und Raumvorstellungen aus der Opernwelt Richard Wagners verschmolzen hier zu eigener Qualität. Die Wandgemälde im Inneren des Schlosses handeln alle von Stoffen und Motiven, die auch Wagners Werken zugrunde liegen.

In 1867 King Ludwig II of Bavaria hit upon the plan of having his own “Wartburg” built. The building of the castle was begun in 1869 according to his ideas and under his supervision. However, in essence the actual creator of Neuschwanstein was the theatrical scene painter Christian Jank; here mediaeval fortress, pictorial and spatial concepts from the opera world of Richard Wagner merged to assume their own particular quality. The murals in the castle interior are all based on subjects and motifs which feature also in Wagner’s works.

En 1867, Louis II de Bavière conçut le projet de se faire construire une «Wartburg». L'édification du château, exécutée suivant ses conceptions et sous sa surveillance, fut entreprise en 1869. Pourtant, celui qui façonnna véritablement Neuschwanstein est – fait significatif – le décorateur de théâtre, Chistian Jank. Architecture médiévale, conceptions des décors et de l'espace issues du monde de l'opéra wagnérien, tout cela vint se fondre en un style bien particulier. Les tableaux muraux, à l'intérieur du château, sont tous inspirés de thèmes et motifs sur lesquels reposent également les œuvres de Wagner.

Schon im 12. Jahrhundert stand an der Stelle, wo heute Hohenschwangau sich erhebt, ein Schloß. In den Jahren 1833 bis 1837 wurde dieses Schloß in seiner heutigen Form gebaut, die Fassade in einem romantisch beeinflußten Tudorstil gestaltet. Die Innenausmalung mit Motiven aus der deutschen Geschichte und Sage geschah nach Entwürfen Moritz von Schwindts. Wagner war im November 1865 für einige Tage hier Gast des Königs, der ihm für diesen Aufenthalt eigene Zimmer einrichten ließ.

As far back as the twelfth century there was a castle on the spot where Hohenschwangau stands today. The castle in its present-day form, with its Romantic-influenced Tudor style facade, was built in 1833–1837. The interior paintings, depicting motifs from German history and legend, were executed according to designs by Moritz von Schwindt. In November 1865 Wagner spent a few days here as guest of the king, who had some rooms fitted out specially for him.

Au XIIe siècle déjà, un château se trouvait là où se dresse aujourd'hui Hohenschwangau. Ce dernier fut construit de 1833 à 1837, sous sa forme actuelle. La façade est réalisée dans le style Tudor, d'influence romantique. A l'intérieur, les peintures murales dont les motifs sont issus de l'histoire et des légendes allemandes, furent exécutées d'après les esquisses de Moritz von Schwindt. En 1865, Richard Wagner y fut, pendant quelques jours, l'hôte du roi, qui fit aménager plusieurs pièces à son intention, en vue de ce séjour.

„Luzern wird diesen Sommer das Glück haben, den wohlbekannten Zukunftsmusiker Richard Wagner in seiner Mitte oder doch in seiner Nähe zu haben“, schrieb die Luzerner Zeitung am 13. April 1866. Das Glück sollte den Luzernern volle sechs Jahre erhalten bleiben. Am Tag des endgültigen Auszugs aus Haus Tribschen und der Übersiedelung nach Bayreuth schrieb Cosima: „Das Aufgeben unserer idyllischen Existenz fällt uns schwerer, als mancher ahnen mag.“

On 13 April 1866, the Lucerne newspaper wrote, “This summer Lucerne will enjoy the good fortune of having the well-known musician of the future Richard Wagner in its midst, or at least in its proximity.” In fact, the people of Lucerne were to continue enjoying this good fortune for a full six years. On the day they finally moved out of their house Tribschen and transferred to Bayreuth Cosima wrote: “Forsaking this idyllic existence is harder for us than many people may imagine.”

«Cet été, Lucerne aura la joie d'accueillir, si ce n'est en ses murs, du moins dans ses proches environs, le musicien de l'avenir fort connu, Richard Wagner», écrivait le «Luzerner Zeitung», le 13 avril 1866. Cette joie devait être dévolue pendant six ans aux habitants de Lucerne. Le jour où ils quittèrent définitivement la Maison Tribschen pour aller s'installer à Bayreuth Cosima écrivit:«Renoncer à notre vie idyllique est chose bien plus pénible que beaucoup ne se l'imaginent.»

Immer wieder pries Wagner während der Züricher Jahre die Schweiz, die „nie gedachten Schönheiten dieses herrlichen Landes, die erhabenen Naturreize, die herrliche Schweizer Luft, die stolzen frischen Alpengegenden“. Nach einer seiner vielen Wanderungen schreibt er an Minna: „Elf Stunden beständiges Klettern und Kräpeln, aber, so etwas Großartiges habe ich noch nicht erlebt, so war ich noch nie mitten in der erhabensten Eisgebirgswelt.“

During his years in Zurich, time and again Wagner praised Switzerland, the "unimagined beauties of this magnificent country, the noble charms of nature, the splendid Swiss air, the proud fresh Alpine regions." After one of his many hikes he wrote to Minna: "Eleven hours of constant climbing and scrambling, but I have never experienced anything so magnificent, never before was I in this exalted world of mountain ice."

Pendant les années qu'il passa à Zurich, Wagner ne cessa de chanter les louanges de la Suisse, les «beautés jamais imaginées de ce merveilleux pays, les sublimes attraits de la nature, l'air bienfaisant de la Suisse, les fraîches et fières régions alpestres». Au terme d'une de ses nombreuses marches, il écrit à Minna: «Onze heures d'une ascension ininterrompue, mais je n'ai jamais vu rien de plus grandiose, je ne me suis jamais trouvé au milieu de ce monde de glace sublime des montagnes.»

Die Idee eines eigenen Festspielhauses entstand bei Wagner in der Zeit des Züricher Exils. In Bayreuth konnte 1872 der Grundstein für das heutige Festspielhaus gelegt werden. Nach Wagners Vorstellungen zeichnete Wilhelm Neumann aus Berlin die Pläne, Carl Brandt aus Darmstadt war für die technische Einrichtung zuständig, der Leipziger Otto Brückwald verantwortlicher Architekt, und der Bayreuther Bauunternehmer Carl Wölfel übernahm die Bauausführung. Im August 1875 war das Haus fertiggestellt.

It was during his period of exile in Zurich that Wagner conceived the idea of having his own festival theatre. The foundation stone of the present-day festival theatre was laid in Bayreuth in 1872. Wilhelm Neumann of Berlin drew the plans according to Wagner's ideas, Carl Brandt from Darmstadt was responsible for the technical arrangements, Otto Brückwald from Leipzig was the architect in charge, and the Bayreuth building company of Carl Wölfel undertook the construction work. The theatre was completed in August 1875.

L'idée de créer son propre théâtre, prit forme, chez Wagner, à l'époque de son exil à Zurich. C'est en 1872 que fut posée, à Bayreuth, la première pierre de l'actuel Festspielhaus (Palais du Festival). L'architecte berlinois Wilhelm Neumann en dessina les plans suivant les conceptions de Wagner, Carl Brandt fut chargé de son équipement technique, Otto Brückwald, architecte, était responsable des travaux et Carl Wölfel, entrepreneur de travaux de Bayreuth s'occupa de l'exécution de l'ensemble. La construction du Festspielhaus s'acheva en août 1875.

Wolfgang Wagner, Enkel von Richard Wagner und seit dem Tod Wieland Wagners im Jahr 1966 alleiniger Leiter der Bayreuther Festspiele, bei einer Probe der von ihm 1981 inszenierten *Meistersinger von Nürnberg*.

Wolfgang Wagner, grandson of Richard Wagner and, since the death of Wieland Wagner in 1966, sole director of the Bayreuth Festival, at a rehearsal for his 1981 production of *Die Meistersinger von Nürnberg*.

Wolfgang Wagner, petit-fils de Richard Wagner et, depuis la mort de Wieland Wagner, en 1966, seul directeur du Festival de Bayreuth, lors d'une répétition des *Maîtres chanteurs de Nuremberg*, qu'il mit en scène en 1981.

„Es ist, als habe der Blitz den Wunderbaum der Liebe gespalten und zermorscht. So überragt er im dritten Akt die Schieferklippe von Kareol, auf der Tristan sich sterbend der Ankunft Isoldes entgegenwindet", schrieb ein Kritiker nach der Premiere von *Tristan und Isolde* im Sommer 1981 in Bayreuth. Die Inszenierung, das Bühnenbild und die Kostüme dieser herausragenden Aufführung stammten von Jean-Pierre Ponnelle.

"It is as if lightning had split and crumbled the wondrous tree of love. Thus, in the third act, it towers over the slate cliff of Kareol, upon which the dying Tristan writhes, awaiting the arrival of Isolde." These were the words of a critic after the premiere of *Tristan und Isolde* in Bayreuth in the summer of 1981. Production, sets and costumes for this superb performance were all by Jean-Pierre Ponnelle.

«C'est comme si l'éclair avait fendu et fait tomber en pourriture l'arbre miraculeux de l'amour. Ainsi se dresse-t-il, au troisième acte, au-dessus des brisants schisteux de Kareol sur lesquels Tristan, agonisant, se tord de douleur dans l'attente de la venue d'Isolde», écrivait un critique après la première de *Tristan et Isolde*, en été de l'année 1981. La mise en scène, les décors et les costumes étaient dûs à Jean-Pierre Ponnelle.

Das Jahr 1994 brachte einen neuen *Ring*. Die Inszenierung von Alfred Kirchner, mehr noch die Bühnenbilder und Kostüme von Rosalie sorgten für vehemente Aufregung und kontroverse Diskussionen. Doch Bayreuth ist dies gewohnt, es ist kein Opernhaus wie andere, sondern will „Werkstatt" (Wolfgang Wagner) sein, also Ort des Experiments, der Weiterentwicklung und immer neuer Anstöße. Die kühle Schönheit mancher Bilder dieses *Ring* – hier der Beginn des zweiten Aufzugs der *Walküre* – mag dazu beitragen.

1994 saw a new production of the *Ring* cycle. Alfred Kirchner's production, and even more so Rosalie's stage sets and costumes, gave rise to vehement agitation and heated discussions. However, Bayreuth is accustomed to such things, and is not like any other opera house. According to Wolfgang Wagner, its aim is to be a "workshop", in other words, a place of experiment, of further development and ever new stimuli. The cold beauty of many scenes from this *Ring* – as for example here, the start of the second act of *Die Walküre* – may further this aim.

L'année 1994 vit naître un nouvel *Anneau.* La mise en scène d'Alfred Kirchner, mais plus encore les décors et les costumes de Rosalie, suscitèrent un tollé et firent l'objet de vives controverses. Mais Bayreuth est habitué à ce genre de choses. Il ne s'agit pas là d'un opéra comme les autres; il se veut «atelier» (Wolfgang Wagner), lieu d'expérimentation donc, d'une évolution permanente et d'impulsions sans cesse nouvelles. La beauté froide de certains décors de cet *Anneau* – on voit ici le début du deuxième acte de la *Walkyrie* – y contribuera peut-être.

WAHNFRIED

1872 erwarb Wagner ein Grundstück für ein eigenes Haus am Hofgarten. Nach seinen Vorstellungen entwarf der Berliner Architekt Wilhelm Neumann eine repräsentative Künstlervilla, die der Bayreuther Bauunternehmer Carl Wölfel dann ausführte. Über der Tür befindet sich ein nach Wagners Ideen gestaltetes Sgraffito des Dresdner Malers Robert Krausse: „Das Kunstwerk der Zukunft." Von Wagner selbst stammen drei Hausinschriften auf der Vorderfassade: „Hier wo mein Wähnen Frieden fand – Wahnfried – sei dieses Haus von mir benannt."

In 1872 Wagner purchased a plot of land by the Hofgarten to build his own house. Based on Wagner's own concept, the Berlin architect Wilhelm Neumann designed a prestigious artist's villa, which was built by Bayreuth building contractor Carl Wölfel. Above the door is a sgraffito entitled "The Work of Art of the Future" by Dresden painter Robert Krausse, based on an idea of Wagner. Wagner himself was responsible for the triple inscription on the front of the house: "Here where my delusions (Wähnen) found peace (Frieden), Wahnfried I will name this house."

En 1872, Wagner fit l'acquisition d'un terrain, situé «am Hofgarten», en vue de la construction de sa propre maison. Suivant les conceptions du compositeur, l'architecte berlinois, Wilhelm Neumann, dressa les plans d'une villa d'aspect imposant que l'entrepreneur de travaux, Carl Wölfel, réalisa par la suite. Audessus de la porte se trouve un sgraffite, réalisé par Robert Krausse, peintre de Dresde, selon une idée de Richard Wagner: «L'œuvre d'art de l'avenir». Wagner lui-même est l'auteur de trois inscriptions apposées sur la façade: «Hier wo mein Wähnen Frieden fand – Wahnfried – sei dieses Haus von mir benannt.»

Die Halle von Wahnfried mit Durchblick in den großen Saal: Der Raum reicht bis unter das Oberlicht des Dachs und ist im oberen Geschoß von einer Galerie umgeben. Familien- und Weihnachtsfeiern fanden hier statt, bis 1930 auch Proben der Bayreuther Solisten. Die Büsten Richard und Cosima Wagners aus dem Jahr 1873 sind von Gustav Adolf Kietz, der „braune Flügel" im Vordergrund stammt aus der Zeit von 1843 bis 1858, in der die Werke vom *Tannhäuser* bis *Tristan* entstanden. Im großen Saal steht Wagners Steinway-Flügel.

The vestibule of Wahnfried, looking through into the great hall: the room reaches up to the roof skylight and is surrounded by a gallery at the upper level. This was the scene of family parties and Christmas festivities, and until 1930 also served as a rehearsal room for Bayreuth soloists. The busts of Richard and Cosima Wagner were executed in 1873 by Gustav Adolf Kietz. The "brown grand piano" in the foreground dates from the period between 1843 and 1858, which saw the genesis of works from *Tannhäuser* to *Tristan.* Wagner's Steinway grand piano stands in the great hall.

Le hall d'entrée de Wahnfried avec vue sur la grande salle: cette pièce va jusqu'à la lucarne du toit et est parcourue d'une galerie au premier étage. C'est ici qu'avaient lieu les fêtes de famille et de Noël ainsi que les répétitions des solistes de Bayreuth, ceci jusqu'en 1930.
Les bustes de Richard et Cosima Wagner, qui datent de 1873, sont l'œuvre de Gustav Adolf Kietz, le «piano à queue marron», au premier plan, remonte aux années 1843–1858, période à laquelle furent créées les œuvres allant de *Tannhäuser* à *Tristan.* Le piano à queue de Richard Wagner, un Steinway, se trouve dans la grande salle.

Die Festspiele waren am 30. August 1876 zu Ende und Bayreuth hatte sich als ein nationales Ereignis erwiesen. Die Festspiele konnten als großer gesellschaftlicher Erfolg gelten und doch verfiel Wagner in tiefe Unzufriedenheit, weil die künstlerischen wie bühnentechnischen Leistungen trotz des unerhörten Einsatzes aller Beteiligten weit hinter seinen Vorstellungen und Erwartungen zurückgeblieben waren. Er spürte Widerwillen gegen eine falsche Theatralisierung, gegen die altgermanischen Verkleidungen und bombastischen Bühnendekorationen und war überzeugt: „Im nächsten Jahr machen wir alles neu!“ Aber das riesige finanzielle Defizit, das sich am Ende ergab, zerschlug alle Aussichten auf eine rasche Wiederholung. In deprimierter Stimmung reiste er mit seiner Familie am 14. September nach Italien, um Abstand zu gewinnen, zunächst nach Neapel, dann am 5. Oktober nach Sorrent, ins Hotel Vittoria, direkt über den Felsen am Meer. Hier traf er auch zum letzten Mal Nietzsche, der sich ihm immer mehr entfremdet hatte. Am 7. November reisten die Wagners nach Bayreuth zurück, zunächst nach Neapel und dann nach Rom, wo es große Empfänge und ehrende Treffen gab. In Bologna erhielt Wagner sogar anläßlich einer *Rienzi*-Aufführung die Ehrenbürgerwürde der Stadt.

Im Januar/Februar 1877 begann Wagner in Wahnfried den Text des *Parsifal* zu schreiben, im April hatte er die Versdichtung beendet. Um die Festspielschulden zu tilgen, gab er gemeinsam mit dem Dirigenten Hans Richter vom 7. bis 29. Mai in London mehrere Konzerte. Mitte September rief er die Vertreter der Patronatsvereine in Bayreuth zusammen und kündigte die Aufführung aller Werke für die Festspiele der Jahre 1880 bis 1883 an, entwickelte den alten Plan einer zu gründenden Musikschule, die den Bayreuther Künstlerbedarf decken sollte – es schien ein neuer Aufbruch, trotz aller finanziellen Belastungen. Wenig später, im Januar 1878, gründete er, um seine politisch-ästhetischen Vorstellungen auch wirkungsvoll propagieren zu können, die *Bayreuther Blätter,* die unter der Leitung Hans von Wolzogens mit ihrer aggressiven antisemitisch-nationalistischen Grundfärbung eine politisch verhängnisvolle Entwicklung nehmen sollten. Die Jahre ab 1878 wurden im wesentlichen durch die Arbeit am *Parsifal* bestimmt. Dieses inhaltlich wie musikalisch sicherlich anspruchsvollste Werk Wagners, in seiner theatralischen Wirkung ganz auf das Festspielhaus und dessen berühmte Akustik abgestimmt, entstand in langen, kontinuierlichen Arbeitsschritten, die sich in Cosimas Tagebüchern genau nachvollziehen lassen. Den Plan zu diesem Werk hatte er Jahre zuvor schon gefaßt, er reicht zurück in die Jahre des Züricher Exils. Im August 1877 begann Wagner mit der Komposition, am 29. Januar 1878 hatte er den ersten Aufzug abgeschlossen, am 31. Januar parallel dazu die Orchestrierung. Am 7. Februar nahm er sich den zweiten Aufzug vor, am 30. September hatte er dessen Komposition beendet. Die Orchestrierung nahm die Zeit vom 13. März bis zum 11. Oktober in Anspruch. Den dritten Aufzug komponierte er vom 30. Oktober 1878 bis 16. April 1879, dessen Orchestrierung dauerte dann vom 14. November 1878 bis 26. April 1879.

Villa d'Angri, Neapel; Wagner wohnte hier von Januar bis November 1880

Villa d'Angri, Naples, where Wagner lived from January to November 1880

Villa d'Angri, à Naples, où Wagner vécut de janvier à novembre 1880

Daneben schrieb er für die *Bayreuther Blätter* kleinere Artikel, Beiträge zu jenen sogenannten *Regenerationsschriften,* die die Entstehung des *Parsifal* kommentierend begleiten und die in der im Sommer 1880 geschriebenen Abhandlung *Religion und Kunst,* Wagners letzter größerer programmatischer Schrift, ihren theoretischen Kern haben.
Im August 1879 begann Wagner, die *Parsifal*-Partitur zu schreiben. Doch in der Folgezeit verschlechterte sich sein Gesundheitszustand so sehr, daß ein längerer Aufenthalt in Italien notwendig wurde. Nach der Jahreswende reiste er deshalb mit der Familie nach Süden. Am 4. Januar 1880 trafen alle in Neapel ein, mieteten die 1833 erbaute Villa d'Angri am Monte Posilippo, eine hochherrschaftliche Residenz – heute, in der Via Posilippo 408 gelegen, eine konfessionelle Schule – mit weitem Ausblick aufs Meer, den Golf von Neapel und den Vesuv, nahe dem Grab Vergils. Etwa ein halbes Jahr blieb die Familie hier, Wagner diktierte Cosima seine Autobiographie *Mein Leben* zu Ende, man machte Ausflüge nach Pompeji, Sorrent und in die Umgebung. Unter anderem im Mai auch einen Ausflug nach Ravello, einer kleinen Stadt in der Nähe Amalfis, mit mittelalterlichem Schloß, dem halbverfallenen Palazzo Rufolo, der Wagner mit seiner Rosenpracht so sehr begeisterte, daß er glaubte, hier Klingsors Garten gefunden zu haben. Eine zweite Besichtigung hinterließ ihre Spuren in den späteren Bayreuther Bühnenbildern zu *Parsifal:* der Besuch Sienas auf der am 7. August angetretenen Rückreise nach Deutschland. Der Dom, der am 21. August besichtigt wurde, der dreischiffige Innenraum mit den schwarzweißen Säulen beeindruckte Wagner so nachhaltig, daß er hier das Modell zu seinem Gralstempel vor sich sah.

Die Heimreise nach Bayreuth verlief über Rom, Florenz und Venedig. In der Lagunenstadt traf Wagner den Schriftsteller Joseph Arthur Graf von Gobineau (1816–1882), dessen Rassentheorien er später las, denen er aber nur teilweise folgte; in München sah er am 10. November eine der vielen Separatvorstellungen des *Lohengrin,* die für den König angesetzt wurden. Zwei Tage später, ebenfalls in einer Separatvorstellung des *Parsifal-Vorspiels,* sah er Ludwig II. zum letzten Mal. Am 17. November waren die Wagners in Wahnfried zurück, und es begann erneut die Arbeit an der *Parsifal*-Partitur. Doch erst über ein Jahr später, am 13. Januar 1882, konnte das Werk abgeschlossen werden.
Parsifal ist sicher Wagners schwierigstes und daher auch am häufigsten mißinterpretiertes Werk. Vielfach ist es als die Theatralisierung christlicher Glaubensinhalte verstanden worden, aber gerade damit hat es nichts zu tun. Denn das Thema des *Parsifal* ist nicht die Religion, schon gar nicht die Begründung einer neuen Religion, sondern die Vision einer zu Schanden gegangenen Welt, die durch Kunst zu erlösen ist. Richard Wagners „letzte Karte", sein „Weltabschiedswerk", wie er das Stück nannte, ist eine gesellschaftspolitische Utopie: Es ist der fünfte Teil des *Ring*, der nicht-resignative und hoffnungsvolle Schluß der *Götterdämmerung,* mit dem der Welt Erlösung verheißen wird durch eine Kunst, auf der sich, wie Wagner es formulierte, eine „ästhetische Weltordnung" gründen sollte. Denn seiner Überzeugung nach sollte die Kunst, sollte seine Kunst an die Stelle einer unmoralischen Weltordnung und eines korrumpierten Christentums treten und so den „Kern der Religion" retten. Folglich bediente er sich im *Parsifal* der christlich-liturgischen Symbole vornehmlich deshalb, um so die herausgehobene Stellung seines *Kunstwerks der Zukunft* unmißverständlich klarzulegen. Aber zugleich verkehrte er deren Inhalt, um sich vom kirchlichen Christentum abzusetzen. Das zeigt schon ein kurzer Blick auf die Handlung: Die Enthüllung des Grals gibt den Rittern Kraft für das irdische Leben, nicht für das jenseitige; Amfortas ist zwar wie Christus ein leidender Herrscher, will aber nur sich erlösen, nicht die Menschheit; sein Gegenspieler Klingsor hat sich selbst entmannt, um durch den Verzicht auf Liebe vielleicht Macht zu gewinnen; und Parsifal ist ein „Erlöser", der am Ende selbst der Erlösung bedarf. Wie immer die Interpretationen eines der gewiß vieldeutigsten Werke des Musiktheaters auch aussehen mögen: Um ein christliches Werk handelt es sich kaum, eher um die theatralische Sakralisierung der Kunst, die bewirkt wird durch Parsifal, einen unverbildeten Menschen, der in einem langanhaltenden, dreistufigen Bildungsprozeß erst lernen muß, sich in die sozialen Bedingungen einer das Leben anleitenden Kunst hineinzudenken: „durch Mitleid wissend, der reine Tor".

Das Innere des Doms von Siena, Wagners Vorbild für den Gralstempel im *Parsifal*

The interior of Siena Cathedral, Wagner's model for the Temple of the Grail in *Parsifal*

Intérieur de la cathédrale de Sienne dont s'inspira Wagner pour le temple du Graal dans *Parsifal*

Noch bevor er das Werk fertigstellen konnte, mußte Wagner wiederum aus gesundheitlichen Gründen Bayreuth verlassen und erneut mit der Familie nach Italien gehen, diesmal nach Palermo, das er über Bozen, Verona und Neapel am 5. November 1881 erreichte. Er mietete sich im Hôtel des Palmes ein, machte Ausflüge, so zum antiken Theater in Segesta, traf im Januar 1882 mit Auguste Renoir (1841–1919) zusammen, der ihn malte. Im Februar wechselte die Familie die Unterkunft; man zog, wenngleich nur für kurze Zeit, in eine prunkvolle Villa an der Piazza dei Porazzo, die dem Fürsten Gangi gehörte, danach, am 20. März, in die ostsizilianische Stadt Acireale ins Hôtel des Bains. Wieder gab es Ausflüge nach Catania und Taormina, im April folgte eine Rundreise durch Sizilien. Über Messina, Neapel und Venedig, wo für das kommende Jahr bereits eine Wohnung im Palazzo Vendramin gebucht wurde, reiste die

Markgräfliches Opernhaus, Bayreuth. Blick von der Bühne in den Zuschauerraum

The margravial opera house in Bayreuth, looking from the stage towards the auditorium

Opéra des Margraves à Bayreuth. Vue de la scène sur la salle de spectacle

Familie nach Bayreuth zurück. Doch mit Wagners Gesundheit war es nicht zum besten bestellt. An seinem 69. Geburtstag erlitt er einen Herzanfall, in der Folge stellte sich nun Asthma ein.

Ab Juni begannen bereits wieder die Vorbereitungen für die Festspiele, sie sollten mit der Uraufführung des *Parsifal* einen Höhepunkt erleben. Am 26. Juli war es soweit: Unter dem Dirigat von Hermann Levi, der zuvor, von Wagner wegen seines jüdischen Glaubens gedemütigt, seine Mitwirkung abgesagt hatte, dann doch wieder gewonnen werden konnte, erlebte der *Parsifal* nun eine weihevolle Aufführung. Aber weil es mehrfach Mißverständnisse darüber gab, ob zu den Aktschlüssen applaudiert werden durfte oder nicht, war Wagner eher mißmutig. Nach der zweiten Aufführung trat er am Schluß vor den Vorhang und sagte: „Hiermit nehme ich von Ihnen Abschied!“ Er hatte wohl selbst das Gefühl, daß sein Werk vollendet war, daß dem *Parsifal* nichts Gleichrangiges mehr nachfolgen konnte. Während der letzten Aufführung des *Parsifal* dirigierte er den letzten Aufzug unbemerkt vom Publikum selbst zu Ende und verabschiedete sich so auch als Dirigent. Nach Abschluß dieser Festspiele von 1882 war er mit deren künstlerischem wie finanziellem Erfolg zufrieden.

Auch diesmal waren die Festspiele wieder ein gesellschaftliches Ereignis gewesen. Viele, die Rang und Namen hatten, waren gekommen – nur der bayerische König nicht. Am 14. September verließ Wagner mit seiner Familie Bayreuth, um den Winter in Venedig zu verbringen – es war sein vierter Venedig-Aufenthalt. Im Palazzo Vendramin-Calergi am nördlichen Canale Grande bezog die Familie den Zwischenstock, Mezzanin genannt, zahlreiche Räume standen ihr dort zur Verfügung. Wagner unternahm Spaziergänge durch Venedig, empfing Besucher – Franz Liszt und Hermann Levi, den Kunsthistoriker Henry Thode (1857–1920), den Pianisten Josef Rubinstein, den Maler Paul von Joukowsky (1845–1912) und den Komponisten Engelbert Humperdinck (1854–1921), um nur einige zu nennen. Im Oktober begann er seine Abhandlung über *Das Bühnenweihfestspiel in Bayreuth 1882,* in der er Aufführungsprobleme eingehend reflektierte, auf Schlichtheit und Angemessenheit bestand, gegen Dekorationsüberfluß und Pomp. Trotz sich rapide verschlechternder Gesundheit begann er Mitte Dezember mit den Proben seiner Jugend-*Sinfonie in C-Dur,* die er im gemieteten altehrwürdigen Teatro la Fenice am 24. Dezember aufführte, einen Tag vor Cosimas Geburtstag.

Anfang Februar war Karneval in Venedig. Wagner ging mit seiner Familie abends zum Markusplatz, um das Treiben zu sehen. Am 11. Februar begann er mit dem Aufsatz *Über das Weibliche im Menschen,* der auch von der Emanzipation der Frau handelte. Am 13. Februar fühlte er sich schon vormittags nicht sehr wohl, Herzkrämpfe traten auf, und nach einem heftigen Streit mit Cosima zog er sich in sein Arbeitszimmer zurück. Mitten in seiner Arbeit, nach dem Satz: „Gleichwohl geht der Prozeß der Emanzipation des Weibes nur unter ekstatischen Zuckungen vor sich“, erlitt Wagner einen neuerlichen Herzanfall. Er rief nach Cosima und dem Arzt. Cosima, die sofort zu ihm geeilt war, fand ihn bewußtlos, der Arzt, der

kurz danach eintraf, mußte gegen 15 Uhr den Tod feststellen. Einen Tag und eine Nacht saß Cosima stumm und verzweifelt neben dem Toten. Aus Wien wurde ein Sarkophag herbeigebracht, der Leichnam Wagners mit einer Gondel zu einem aus zwei Wagen bestehenden Sonderzug befördert, der den Toten nach Bayreuth brachte. Am 17. Februar 1883 fuhr der Zug nachmittags in Bayreuth ein, auf dem Bahnhof wurde eine Totenwache gehalten. Am folgenden Tag, einem Sonntag, formierte sich ein Trauerzug durch die Stadt, der Sarg wurde nach Wahnfried gebracht und dort, hinter dem Haus, im Garten in das vorbereitete Grab gesenkt. Cosima, die 45 Jahre alt war, überlebte ihren Mann um 47 Jahre; sie starb 1930, fast gleichzeitig mit ihrem Sohn Siegfried.
Zum Zeitpunkt von Wagners Tod war sein Werk gesichert, sein Rang als Musiker unbestritten. Auch wenn er mit seinem Anspruch, im musikdramatischen Kunstwerk noch einmal das Leben in seiner ganzen Totalität zusammenzwingen zu wollen, auf vielfaches Unverständnis und heftigen Widerspruch gestoßen ist – daß er ein genialer Künstler war, wie er nur selten einem Jahrhundert zuteil wird, haben auch seine schärfsten Kritiker nicht lange ableugnen können. Als politischer Denker und gesellschaftstheoretischer Visionär von Anfang an umstritten und in seiner Intention auch durch mißverständliche Eigeninterpretationen wie fehlverlaufene Rezeptionen verzerrt, bleibt er als Musiker einer der Großen. Sein Werk hat gewirkt wie wenige zuvor, und alle Fortentwicklung nicht nur des Musiktheaters ist durch dieses Werk, so oder so, beeinflußt und geprägt worden. Ob Richard Strauss oder Hans Pfitzner, Arnold Schönberg oder Alban Berg, ob Anton Bruckner oder Gustav Mahler: Sie alle und viele der wichtigsten noch folgenden Komponisten sind bis in die Gegenwart hinein von Richard Wagner nachhaltig beeinflußt, sind ohne ihn nicht denkbar. Seine harmonischen Kühnheiten, die im *Tristan* und im *Parsifal* bis an die Grenzen der Tonalität gingen und so der Musik des 20. Jahrhunderts den Weg wiesen, seine Kunst der Instrumentierung, die unendliche Variationsfähigkeit subtiler thematischer Verarbeitungen, das Aufbrechen tradierter Formen und der Erfindungsreichtum neuer musikalischer Strukturen, seine immense theatralische Begabung, die vieles herbeiwünschte und vorausahnte, was erst die spätere Zeit einer hochentwickelten Bühnentechnik möglich machen sollte, was vielleicht erst im Film des 20. Jahrhunderts mühelos gelang – all dies und vieles mehr hat die weitere Entwicklung der Musik entscheidend beeinflußt, die Kunst in einem umfassenden Sinne inspiriert und ist doch bei Wagner von einer eigenen Qualität. Friedrich Nietzsche, der Freund und Antipode, hat es ein wenig überschwenglich so formuliert: „Alles, was Wagner kann, wird ihm niemand nachmachen, hat ihm keiner vorgemacht, soll ihm keiner nachmachen. Wagner ist göttlich."

Richard Wagner, Fotografie von 1880

Richard Wagner, a photograph taken in 1880

Richard Wagner, photographie datant de 1880

Wagner mit Familie und Freunden auf der Gartentreppe der Villa Wahnfried in Bayreuth, 1881

Wagner with family and friends on the stairs leading to the garden of Villa Wahnfried in Bayreuth, 1881

Wagner en compagnie de sa famille et de quelques amis, sur l'escalier menant au jardin de la villa Wahnfried à Bayreuth, en 1881

Wagners Konzept des „Gesamtkunstwerks" entstand durch die Rückbesinnung auf die antike Tradition des Theaters, das Selbstauslegung der Polisgemeinschaft war und in dem Politik, Religion und alle Künste miteinander verschmolzen. Der ranglose Aufstieg der Reihen symbolisierte die Gleichheit der Zuschauer. Das antike Theater von Segesta in Sizilien, das Wagner 1882 von Palermo aus besuchte, entspricht solchen Vorstellungen, die auch den Bau und die Innengestaltung des Bayreuther Festspielhauses wesentlich bestimmten.

Wagner's concept of the "holistic work of art" came into being as a result of his thinking back to the ancient tradition of theatre, which was the city-state community's own self-interpretation, and in which politics, religion and all the arts were fused into one. The way in which the rows of seats rose one behind the other, without rank division, symbolised the equality of the spectators. The ancient theatre of Segesta in Sicily, which Wagner visited from Palermo in 1882, was built in accordance with such ideas, which also played a substantial role in determining the construction and interior design of the Bayreuth festival theatre.

La conception wagnérienne de «l'œuvre d'art totale» est issue du désir de retourner à la tradition du théâtre antique, miroir de la communauté civile et dans lequel la politique, la religion, mais aussi les arts formaient une synthèse. La disposition en gradins sans loges ni balcons symbolisait l'égalité des spectateurs. Le théâtre antique de Ségeste, en Sicile, que Wagner, venant de Palerme, visita en 1882, correspond à cette conception, qui détermina en grande partie la construction et l'aménagement de l'intérieur du Festspielhaus de Bayreuth.

Wagner war immer wieder in Venedig, er liebte diese Stadt, wie auch Italien. Vom Hotel Danieli, wo er sich mehrfach einquartiert hatte, konnte er diesen Blick über die Lagune auf San Giorgio Maggiore genießen.

Wagner was a frequent visitor to Venice. He loved the city, and Italy itself. From the Danieli Hotel, where he stayed several times, he was able to enjoy this view across the lagoon to San Giorgio Maggiore.

Wagner ne se lassa pas d'aller à Venise; il aimait cette ville, tout comme l'Italie d'ailleurs. De l'hôtel Danieli, où il descendit plusieurs fois, il pouvait jouir d'une vue allant jusqu'à San Giorgio Maggiore, par-delà la lagune.

In dem vor 1500 begonnenen, 1509 fertiggestellten Palazzo Vendramin-Calergi, dessen Fassade im Stil der Frührenaissance gehalten ist, mietete Wagner für seinen vierten Venedig-Aufenthalt im September 1882 den Zwischenstock. Am Canale Grande wohnte er mit seiner Familie bis zu seinem Tod am 13. Februar 1883.

For his fourth stay in Venice in September 1882, Wagner rented the middle floor of the Palazzo Vendramin-Calergi. Begun before 1500, it was completed in 1509, and its early Renaissance facade has been preserved. He lived with his family by the Canale Grande until his death on 13 February 1883.

Désirant séjourner à Venise une quatrième fois, Wagner y loua, en septembre 1882, l'entresol du Palais Vendramin-Calergi dont la façade est exécutée dans le style des débuts de la Renaissance. Il est situé en bordure du Grand Canal. Wagner y habita avec sa famille jusqu'à sa mort, le 13 février 1883.

Zeittafel/Verzeichnis der erwähnten Werke Richard Wagners

1813 am 22. Mai wird Richard Wagner in Leipzig geboren
am 16. August Taufe in der Leipziger Thomaskirche
am 23. November stirbt der Vater

1814 die Familie zieht nach Dresden um

1821 Ludwig Geyer, der Stiefvater Richard Wagners, stirbt am 30. September

1822 ab Dezember besucht Wagner die berühmte Dresdner Kreuzschule

1827 am 8. April wird Wagner in der Kreuzkirche konfirmiert
im Dezember Umzug nach Leipzig, Besuch der Nikolaischule
Leubald – ein Trauerspiel wird begonnen

1829 Wagner nimmt Musikunterricht und verfaßt erste Kompositionen

1831 Wagner schreibt sich an der Leipziger Universität ein

1832 im Februar wird erstmals eine Komposition Wagners im Leipziger Gewandhaus aufgeführt

1833 Anfang des Jahres lernt Wagner Heinrich Laube kennen
Chordirektor in Würzburg
Beginn der Komposition seiner Oper *Die Feen*

1834 im Januar geht Wagner nach Leipzig zurück
im Sommer Reise nach Teplitz, Prag, dann nach Bad Lauchstädt, wo Wagner seine spätere Frau, die Schauspielerin Minna Planer, kennenlernt
im Juli Chordirektor in Magdeburg

1835 Beginn der Arbeit an der Oper *Das Liebesverbot*

1836 am 29. März findet in Magdeburg die Uraufführung dieser Oper statt
im Sommer Reise nach Berlin, dann nach Königsberg
am 24. November heiratet Wagner Minna Planer

1837 im April wird Wagner Musikdirektor am Königsberger Theater
ab August ist er Dirigent am Stadttheater in Riga
am 25. Dezember wird Cosima geboren, Tochter von Franz Liszt und der Gräfin d'Agoult
im Juli beginnt Wagner mit dem *Rienzi*

1839 im Juli flüchten Wagner und seine Frau überstürzt aus Riga über Königsberg, Pillau, London nach Paris
am 17. September Ankunft in Paris

1840 mehrfache Wohnungswechsel in Paris
vergebliche Versuche, dort als Musiker und Komponist Fuß zu fassen

1841 Umzug nach Meudon bei Paris
im Mai beginnt die Arbeit an der Oper *Der Fliegende Holländer*

1842 am 7. April verlassen die Wagners Paris und kehren nach Dresden zurück
im Juni Prosaentwurf zum *Tannhäuser*
im Oktober Uraufführung des *Rienzi* in Dresden

1843 am 2. Januar Uraufführung von *Der Fliegende Holländer* in Dresden
am 2. Februar Anstellung als Königlich Sächsischer Hofkapellmeister
im Juli Aufführung des *Liebesmahls der Apostel*

1845 am 13. April wird die *Tannhäuser*-Partitur beendet
Bekanntschaft mit August Röckel, Musiker und anarchistischer Sozialist
im Sommer Entwurf der *Meistersinger* und des *Lohengrin*

1846 im Sommer entsteht in Graupa – damals Groß-Graupe – die Kompositionsskizze zu *Lohengrin*

1847 vorbereitende Lektüre für den Stoff zum *Ring des Nibelungen*
starkes gesellschaftspolitisches und theaterreformerisches Engagement

1848 Februar-Revolution in Paris
am 19. Mai Brief mit Forderungen an die Nationalversammlung in Frankfurt
im Juni Rede im radikalen Dresdner Vaterlandsverein: *Wie verhalten sich republikanische Bestrebungen dem Königtume gegenüber?*
Entwurf *Die Wibelungen. Weltgeschichte aus der Sage.*

1849 im Februar anonym der Aufsatz *Der Mensch und die bestehende Gesellschaft*
im April Aufsatz *Die Revolution*
am 3. Mai Ausbruch der revolutionären Unruhen in Dresden
am 7. Mai brennt das Dresdner Opernhaus
am 9. Mai flieht Wagner nach Zürich ins Exil
im Juli entsteht die erste der „Zürcher Kunstschriften": *Die Kunst und die Revolution*
im September kommt Minna nach Zürich
im November wird *Das Kunstwerk der Zukunft* abgeschlossen

1850 im Januar *Wieland der Schmied*
Reise nach Paris, Liebesaffäre mit Jessie Laussot

1851 im Januar Abschluß von *Oper und Drama*
es entstehen *Der junge Siegfried, Eine Mitteilung an meine Freunde* und anonym publiziert: *Das Judentum in der Musik*
Wanderungen mit Freunden in den Schweizer Bergen

1852 eingehende Beschäftigung mit der *Ring*-Dichtung, die im Dezember beendet wird
Bekanntschaft mit Otto und Mathilde Wesendonck

1853 Privatdruck des *Ring*
Reisen nach Italien und Paris, wo Wagner erstmals bei Liszt Cosima sieht

1854 Schopenhauer-Lektüre, Abschluß des *Rheingold*

1856 im März wird die Komposition der *Walküre* beendet
im Sommer beginnt Wagner mit der Arbeit am *Siegfried*

1857 im April Einzug ins Asyl, nahe der Villa Wesendonck
im August Abbruch der Komposition des *Siegfried* nach dem zweiten Akt
im September kommen Hans von Bülow und seine Frau Cosima zu Wagner
im Herbst Beginn der Komposition von *Tristan und Isolde,* und zugleich entstehen die *Wesendonck-Lieder*

1858 am 17. August verläßt Wagner aufgrund der Affäre mit Mathilde Wesendonck das Asyl, reist nach Venedig, Minna kehrt nach Deutschland zurück

1859 im März kurze Rückkehr in die Schweiz, nach Luzern
im September Reise nach Paris, wohin Minna nachkommt

1860 im August erstmals Rückkehr nach Deutschland

1861 im März Skandal bei der *Tannhäuser*-Aufführung in Paris
Plan, die *Meistersinger* zu schreiben, Entstehung der Dichtung

1862 Wagner wohnt vorübergehend in Wiesbaden-Biebrich

1863 Konzertreisen nach Prag, Moskau, St. Petersburg, Pest/Ungarn

1864 am 23. März Flucht aus Wien nach Stuttgart
am 4. Mai Empfang Wagners in der Münchner Residenz durch Ludwig II.
Cosima kommt mit ihren Kindern nach München
im Sommer schreibt Wagner die Abhandlung *Über Staat und Religion*

1865 am 18. April Geburt der ersten Tochter Isolde
im Juli Beginn der Autobiographie *Mein Leben*
im August Entwurf des *Parsifal*

1866 Minna stirbt am 25. Januar
am 15. April bezieht Wagner das Haus Tribschen bei Luzern
im Mai kommt Cosima mit ihren Kindern für einige Zeit nach Tribschen

1867 am 17. Februar Geburt der zweiten Tochter Eva
im Oktober werden *Die Meistersinger* beendet
im September Artikelserie *Deutsche Kunst und deutsche Politik*

1868 am 21. Juni Uraufführung der *Meistersinger*
am 16. November kommt Cosima endgültig nach Tribschen

1869 am 6. Juni Geburt von Siegfried
Uraufführung des *Rheingold* in München

1870 Uraufführung der *Walküre* in München
am 25. August heiraten Cosima und Richard in Luzern

1871 am 17. April erster Besuch in Bayreuth und Plan, sich hier niederzulassen

1872 am 1. Februar Erwerb des Grundstücks für Wahnfried
am 22. Mai Grundsteinlegung des Festspielhauses

1874 am 28. April Bezug des Hauses Wahnfried
am 21. November Abschluß des *Ring des Nibelungen*

1876 am 13. August werden die ersten Festspiele eröffnet
im Herbst Reise nach Italien

1877 Januar bis April: Dichtung des *Parsifal*

1878 Gründung der *Bayreuther Blätter*,
Arbeit am *Parsifal*

1879 Arbeit am *Parsifal*

1880 am Anfang des Jahres Reise nach Italien
Beendigung der Autobiographie *Mein Leben*
am 19. Juli Abschluß des Essays *Religion und Kunst*

1881 im November Reise nach Italien
Arbeit am *Parsifal*
Verfassen der sogenannten „Regenerationsschriften" *Erkenne Dich selbst, Heldentum und Christentum*

1882 am 13. Januar Abschluß des *Parsifal*
im April Rückkehr nach Bayreuth
am 26. Juli Eröffnung der 2. Bayreuther Festspiele mit *Parsifal*

1883 am 13. Februar stirbt Wagner in Venedig
am 18. Februar wird Wagner in Bayreuth beigesetzt

Verzeichnis der erwähnten Werke Wagners
(WWV = Wagner-Werk-Verzeichnis, siehe Schriften über Richard Wagner S. 4):

Leubald
Trauerspiel in fünf Aufzügen
Entstehungszeit: 1826 bis 1828, Dresden/ Leipzig
Uraufführung: 1988, Bayreuth
WWV 1

Politische Ouvertüre (verschollen)
Entstehungszeit: vermutlich September 1830, Leipzig
WWV 11

Sonate in B-Dur für Klavier op.1
Entstehungszeit: Herbst 1831, Leipzig
WWV 21

Fantasie in fis-Moll für Klavier
Entstehungszeit: Herbst 1831, Leipzig
WWV 22

Polonaise in D-Dur für zwei Hände
Entstehungszeit: Ende 1831/ Anfang 1832, Leipzig
WWV 23

Ouvertüre in d-Moll (Konzert-Ouvertüre Nr. 1)
Entstehungszeit: Sommer/Herbst 1831, Leipzig
Uraufführung: 25. Dezember 1831, Leipzig
WWV 20

Sinfonie in C-Dur
Entstehungszeit: April/ Juni 1832, Leipzig
Uraufführung: November 1832, Prag
WWV 29

Die Hochzeit
unvollendete Oper
Entstehungszeit:
Text: Oktober/November 1832, Pravonin/ Prag
Musik: Dezember 1832/Februar 1833, Leipzig/Würzburg
WWV 31

Die Feen
Große romantische Oper in drei Akten
Entstehungszeit:
Text: Januar/Februar 1833; Sommer 1834, Leipzig
Musik: Februar 1833 bis Januar 1834, Würzburg; Frühjahr 1834, Leipzig
Uraufführung: Ouvertüre 10. Januar 1835, Magdeburg; 29. Juni 1988, München
WWV 32

Das Liebesverbot oder Die Novize von Palermo
Große komische Oper in zwei Akten
Entstehungszeit:
Text: Juni bis Dezember 1834, Rudolstadt/ Magdeburg
Musik: Januar 1835 bis März 1836, Magdeburg Frühjahr 1840, Paris
Uraufführung: 29. März 1836, Magdeburg
WWV 38

Rienzi, der Letzte der Tribunen
Große tragische Oper in fünf Akten
Entstehungszeit:
Text: Juni bis Juli 1837, Blasewitz/Dresden Juni bis August 1838, Mitau/ Riga 1839/40, Paris
Musik: Sommer 1838 bis November 1840, Riga/ Paris
Uraufführung: 20. Oktober 1842, Dresden
WWV 49

Der Fliegende Holländer
Romantische Oper in drei Aufzügen
Entstehungszeit:
Text: Mai bis Juli 1840, Mai bis Juni 1841, Paris
Musik: Mai bis Juli 1840, Juli bis November 1841, Paris
Uraufführung: 2. Januar 1843, Dresden
WWV 63

Das Liebesmahl der Apostel
Eine biblische Szene
Entstehungszeit: April bis Juni 1843, Dresden
Uraufführung: 6. Juli 1843, Dresden
WWV 69

Tannhäuser und der Sängerkrieg auf Wartburg
Große romantische Oper in drei Akten (Dresdner Fassung) 1859/60 – Pariser Fassung: Handlung in drei Aufzügen
Entstehungszeit:
Text: Juni 1842 bis April 1843, Aussig/Teplitz/ Dresden
Musik: Juli 1843 bis Oktober 1845, Teplitz/ Dresden
„Dresdner Fassung":
Text: Frühjahr 1847, Dresden
Musik: Oktober 1845 bis Mai 1847, Dresden September 1851, Zürich
„Pariser Fassung":
Text: September 1859 bis Februar/ März 1861, Paris
Musik: August/ September 1860 bis März 1861, Paris
Letzte Revisionen (für Wien):
Text: August/September 1861, Wien Frühjahr 1865, München
Musik: ab Sommer/ Herbst 1861
Uraufführung: 19. Oktober 1845, Dresden
WWV 70

Lohengrin
Romantische Oper in drei Akten
Entstehungszeit:
Text: Juli/ August bis November 1845, Marienbad/ Dresden
Musik: Frühjahr 1846 bis April 1848, Graupa/ Dresden
Uraufführung: 28. August 1850, Weimar
WWV 75

Der Ring des Nibelungen
Ein Bühnenfestspiel für drei Tage und einen Vorabend
Entstehungszeit:
Text: Oktober 1848 bis Dezember 1852, Dresden/ Zürich
Musik: November 1853 bis November 1874, Zürich/Tribschen/ Bayreuth
Erste Aufführung: 13. bis 17. August 1876, Bayreuth
WWV 86

A) Vorabend: Das Rheingold
Entstehungszeit:
Text: Oktober 1851 bis November 1852, Albisbrunn/ Zürich
Musik: November 1853 bis September 1854, Zürich
Uraufführung: 22. September 1869, München
Erste Aufführung innerhalb des Ring:
13. August 1876, Bayreuth
WWV 86 A

B) Erster Tag: Die Walküre
Entstehungszeit:
Text: November 1851 bis Juli 1852, Albisbrunn/ Zürich
Musik: Juni 1854 bis März 1856, Zürich/ London/ Seelisberg/Zürich
Uraufführung: 26. Juni 1870, München
Erste Aufführung innerhalb des Ring:
14. August 1876, Bayreuth
WWV 86 B

C) Zweiter Tag: Siegfried
Entstehungszeit:
Text: Mai 1851 bis November/Dezember 1852, Zürich
Musik: September 1856 bis August 1857, Zürich (bis Ende des 2. Aufzugs) Dezember 1864 bis Dezember 1865, München (Instrumentation des 2. Aufzugs); März 1869 bis Februar 1871, Tribschen (3. Aufzug)
Uraufführung: 16. August 1876, Bayreuth
WWV 86 C

D) Dritter Tag: Götterdämmerung
Entstehungszeit:
Text: Oktober 1848 bis November/Dezember 1852, Dresden/Zürich
Musik: Oktober 1869 bis November 1874, Tribschen/ Bayreuth; Entwürfe zu Siegfrieds Tod: Sommer 1850, Zürich
Uraufführung: 17. August 1876, Bayreuth
WWV 86 D

Tristan und Isolde
Handlung in drei Aufzügen
Entstehungszeit:
Text: August bis September 1857, Zürich
Musik: Dezember 1856 bis August 1859, Zürich/ Venedig/Luzern; Dezember 1859, Paris
Uraufführung: 10. Juni 1865, München
WWV 90

Fünf Gedichte für eine Frauenstimme mit Pianoforte-Begleitung
(Wesendonck-Lieder)
Entstehungszeit:
Texte von Mathilde Wesendonck
Musik: November 1857 bis Oktober 1858, Zürich/ Venedig
Uraufführung: 30. Juli 1862, Villa Schott, Laubenheim bei Mainz
WWV 91

Die Meistersinger von Nürnberg
In drei Aufzügen
Entstehungszeit:
Text: Juli 1845, Marienbad; November 1861 bis Januar 1862, Wien/Paris; Dezember 1866 bis Januar 1867, Tribschen
Musik: April 1862 bis September 1864, Biebrich/Penzing/Starnberg; Januar bis März 1866, Genf; Mai 1866 bis Oktober 1867, Tribschen
Uraufführung: 21. Juni 1868, München
WWV 96

Huldigungsmarsch Es-Dur
gewidmet seiner Majestät, Ludwig II., König von Bayern
Entstehungszeit: August 1864, Starnberg
Uraufführung: 5. Oktober 1864, München
WWV 97

Siegfried-Idyll, E-Dur
gewidmet Cosima Wagner
Entstehungszeit: zweite Novemberhälfte bis Dezember 1870, Tribschen
Uraufführung: 25. Dezember 1870, Tribschen
WWV 103

Großer Festmarsch G-Dur
zur Eröffnung der hundertjährigen Gedenkfeier der Unabhängigkeitserklärung der Vereinigten Staaten von Nordamerika
Entstehungszeit: Februar bis März 1876, Bayreuth/ Berlin
Uraufführung: 10. Mai 1876, Philadelphia
WWV 110

Parsifal
Ein Bühnenweihfestspiel in drei Aufzügen
Entstehungszeit:
Text: August 1865, München; Februar bis April 1877, Bayreuth
Musik: September 1877 bis Januar 1882, Bayreuth/ Palermo
Uraufführung: 26. Juli 1882, Bayreuth
WWV 111

Richard-Wagner-Museen

Bayreuth – Haus Wahnfried
Das Haus Wahnfried liegt zwischen dem Hofgarten und der Richard-Wagner-Straße, 95444 Bayreuth; es ist täglich geöffnet, auch samstags und sonntags von 9 bis 17 Uhr.
Ausnahmen: 24. und 25. Dezember, 1. Januar, Ostersonntag und Pfingstsonntag.
Telefon: 09 21/7 57 28 11
Im Erdgeschoß: die Halle und der einstige Wohnraum der Familie Wagner mit Wagners Bibliothek. Die danebenliegenden Räume dienen alljährlich Sonderausstellungen. Ganzjährig gibt es hier ein „klingendes Museum", d.h. täglich werden um 10, 12 und 14 Uhr Ausschnitte aus Tonaufzeichnungen von Wagners Werken gespielt. Außerhalb der regulären Abspielzeiten geschieht dies auf Wunsch. Außerdem finden täglich um 11 und 15 Uhr Video-Vorführungen mit Ausschnitten aus Bayreuther Inzenierungen und von Dokumentarfilmen zu den Bayreuther Festspielen statt.
Im Zwischen- und Obergeschoß liegen die eigentlichen Museumsräume mit Bildern und Dokumenten zum Leben und Werk Richard Wagners und der Bayreuther Festspiele. Im Keller sind etwa 60 beleuchtete, zumeist historische Bühnenbildmodelle von Bayreuther Inszenierungen seit 1876 ausgestellt. Das Grab von Richard und Cosima Wagner befindet sich im hinteren Teil des Gartens.

Wagner-Museum Graupa
Das Museum – das sogenannte Lohengrin-Haus – liegt in der Richard-Wagner-Straße 6, 01827 Graupa (über Pillnitz); es ist geöffnet dienstags bis sonntags 9 bis 12 Uhr und 13 bis 16 Uhr, montags geschlossen. Geschlossen ist es auch am 1. Januar, Karfreitag und am 24., 25. und 31. Dezember.
Telefon: 0 35 01/4 82 29
Die Ausstellung des Museums dokumentiert insbesondere die Dresdner Jahre Wagners von 1842 bis 1849. Vom Erdgeschoß rechts, wo in Vitrinen unter anderem Briefe, Erstdrucke und regierungsamtliche Dokumente aus den Tagen der Dresdner Revolution ausgestellt sind, gelangt man über eine Treppe in die obere, eigentliche Ausstellungsetage. In zwei Räumen befinden sich vielfältige Dokumente zu Wagner sowie Möbel der Zeit. Ein dritter Raum ist August Röckel gewidmet, dem Musiker, Sozialisten und engen Freund Wagners, der wegen seiner Beteiligung am Dresdner Aufstand vom Mai 1849 bis 1862 im Zuchthaus Waldheim saß. Im Erdgeschoß links finden regelmäßig Veranstaltungen statt, zumeist samstags um 15 Uhr.

Eisenach – Wagner-Museum in der Fritz-Reuter-Villa
Das Haus, das sich der niederdeutsche Dichter Fritz Reuter im Stil einer römischen Villa von 1866 bis 1868 bauen ließ, liegt im Reuterweg 2, 99817 Eisenach, am Fuß des Wanderwegs zur Wartburg; es ist dienstags bis sonntags von 10 bis 17 Uhr geöffnet.
Telefon: 0 36 91/20 39 71
Im unteren Stockwerk gibt es eine Ausstellung, die die wichtigsten Lebensstationen Wagners dokumentiert. Ab 1997 soll diese Ausstellung unter dem Titel „Wagner und das 19. Jahrhundert" in der zweiten Etage neu organisiert werden.
Im obersten Stockwerk befindet sich die „Sammlung Oesterlein", die größte Wagner-Sammlung neben derjenigen im Haus Wahnfried. Die Bibliothek mit etwa 5000 Bänden enthält viele Erstausgaben und eine bis zur Jahrhundertwende umfassende Sammlung von Wagner-Literatur. Daneben gibt es Wagner-Porträts und Fotografien, Büsten und Medaillen, Programmzettel, Plakate, Künstlerporträts, auch Wagner-Kitsch wie etwa Pfeifenköpfe oder Ansteck-nadeln mit dem Kopf Wagners. Wertvollster Besitz ist eine mit handschriftlichen Eintragungen Wagners versehene *Rienzi*-Partitur sowie die Totenmaske des Komponisten. Die „Sammlung Oesterlein", die ursprünglich 22 800 Sammelstücke umfaßte, von denen einige während des Krieges verloren-gegangen sind, ist in vier großen Bänden katalogisiert. Sie existiert seit 1897 in der Reuter-Villa.
Im ersten Stock des Museums befinden sich die Wohnräume des niederdeutschen Dichters Fritz Reuter mit den Original-Möbeln. Hier, im Salon, gibt es neben vielen anderen Veranstaltungen jeden ersten Sonntag im Monat „Hausmusik bei Reuters".

Haus Tribschen/Luzern
Haus Tribschen liegt auf einer kleinen, in den Vierwaldstätter See vorspringenden Landzunge, im Richard-Wagner-Weg 27, CH-6005 Luzern, etwa 20 Minuten Fußweg vom Hauptbahnhof Luzern entfernt; es ist vom 1. Februar bis 14. April dienstags, donnerstags, samstags und sonntags von 10 bis 12 und von 14 bis 17 Uhr geöffnet, an anderen Tagen geschlossen.
In der Zeit vom 15. April bis 15. Oktober: dienstags bis sonntags zu denselben Zeiten geöffnet, montags geschlossen.
Telefon: 00 41 41/44 23 70 (Schweiz)
Tribschen, das Wohnhaus von Richard und Cosima Wagner während der Jahre 1866 bis 1872, ist heute ein bedeutendes Wagner-Museum. In den fünf Ausstellungsräumen im Erdgeschoß werden Bücher, Bilder, Dokumente und Möbel, Noten und Theaterplakate, Schallplatten und Autographen gezeigt - so die Originalpartitur des hier entstandenen *Siegfried-Idyll* mit Widmung. Besonders hervorzuheben sind Wagners Erard-Flügel, seine Totenmaske, ein Abguß seiner rechten Hand sowie eine Bronzebüste von Friedrich Schaper, die etwa um 1880 entstanden ist. Im ersten Stock befindet sich die bedeutende städtische Sammlung alter Musikinstrumente.

In Planung in Venedig:
Es ist vorgesehen, in den Wohnräumen Richard Wagners in Venedig im Palazzo Vendramin-Calergi am Canale Grande ein Wagner-Museum einzurichten. Bisher kann das Sterbezimmer des Komponisten besichtigt werden. Die Öffnungszeit ist, nur nach Voranmeldung beim Kulturinstitut in Venedig, samstags 10–12 Uhr.

(Stand: Februar 1995)